帶點遺憾的球星

田武、嘉安、老溫、列當度　合著

天空數位圖書出版

目錄

目錄

目錄

目錄

失意小馬尾

Roberto Baggio

　　要數國際足壇的失意球星，相信大部分球迷的第一印象是義大利傳奇前鋒 Roberto Baggio。綽號「神奇小馬尾」的 Roberto Baggio 擁有帥氣外貌和出眾的盤球和射門技術，縱然只是效力保級球隊佛倫提那，也沒有影響他成為義大利國家隊的主力前鋒，代表國家以主辦國身份出戰 1990 年世界盃決賽圈。當時只有 23 歲的他以 2 個進球率領義大利打進四強賽，可惜不敵阿根廷只能成為季軍。世界盃一戰成名後，Roberto Baggio 成為尤文圖斯的核心，協助球隊奪得歐足聯盃，獲得 1993 年金球獎，並以皇牌身份代表義大利出戰 1994 年世界盃決賽圈。Baggio 在 1994 年世界盃決賽圈分組賽表現不佳沒有進球，不過在淘汰賽階段卻成為義大利的救世主，以 5 個進球協助球隊淘汰奈及利亞、西班牙和保加利亞晉級決賽。可是這時傷患找上了 Baggio，令他在決賽無法發揮水準，結果還在互射 12 碼階段把球射向天空，再次無緣為義大利奪取世界盃。

　　1994 年世界盃決賽的失意成為 Baggio 的球員生涯分水嶺。雖然當時他只是 27 歲，卻開始受傷患困擾令他無法再成為豪門球隊的核心。雖然他跟隨尤文圖斯奪得 1994–95 年賽季義甲冠軍，可是他因為受傷而缺席很多比賽，還因此被後輩 Alessandro Del Piero 取代了。沒有了位置的 Baggio 轉投 AC 米蘭後的表現更糟，也因此不再被國家隊徵召，2 個賽季之後只能轉戰保級球隊波隆那。

可是他在波隆那卻獲得重生，從而獲得參與 1998 年世界盃決賽圈的機會。雖然熟悉的 10 號球衣已被 Del Piero 奪去，不過 Baggio 還是努力不懈，以 2 個進球率領義大利打進八強賽，也成為唯一能在 3 屆世界盃決賽圈都進球的義大利球員。

Baggio 在 1998 年世界盃 8 強賽互射 12 碼沒有失手，可是隊友的射失令他再與世界盃擦身而過。Baggio 及後獲得加盟國際米蘭的機會，可是因為球隊問題太多而無法踢出水準，2 個賽季後便轉投保級球隊布雷西亞。他很努力令布雷西亞從升降機球隊變為有力爭取參與歐洲賽事的黑馬，也一度看到參與 2002 年世界盃決賽圈的希望。可是 2002 年初的嚴重受傷，令他重返國家隊的美夢幻滅。及至 2004 年，Baggio 終於以 37 歲之齡退役。縱然他沒能為義大利奪得獎盃，可是他在球迷心目中的地位絕對不亞於所有冠軍級球星。

生不逢時孤膽英雄

Ballack

帶點遺憾的球星

有些球員絕對擁有世界級球星的實力，卻只是欠缺運氣便與冠軍擦身而過，德國名宿 Michael Ballack 便是貢獻與收獲不成正比的代表人物。

Ballack 無論在拜仁慕尼黑還是在切爾西都贏遍聯賽和國內盃賽冠軍，可是最重要的歐冠則兩度打進決賽都無法封王。而在國家隊的生涯更悲慘，他的高峰期不幸地出現在德國人才最匱乏的十年，縱然在 1999 年便首次為德國上場，卻因為當時德國足壇仍然迷信老將，所以在 2000 年歐洲盃決賽圈，他根本沒有太多上場時間。2001 年是 Ballack 真正冒起的年份，他在當年 10 月的世界盃資格賽附加賽面對烏克蘭的兩回合賽事獨進 3 球，協助德國驚險地取得決賽圈入場券。到了決賽圈，德國在不被看好下過關，Ballack 則在八強和四強戰射進唯一進球，協助德國淘汰美國和韓國，可是他在四強戰取得第 2 張黃牌，令他無緣參與決賽，結果德國完敗在巴西腳下。

德國在 2002 年取得世界盃亞軍，固然是因為 Ballack 的挺身而出，一路上沒有遇上強敵也是關鍵因素，所以德國當時的實力不濟在 2004 年歐洲盃決賽圈便原形畢露，這次 Ballack 無力協助球隊在分組賽突圍而出。到了 2006 年世界盃，已經成為世界級球星的 Ballack 率領德國以東道主身份出戰，卻在四強戰不敵義大利功虧一簣。2 年後的歐洲盃決賽圈，德國終於逐步走出人才匱乏的困境，在 Philipp Lahm

和 Bastian Schweisteiger 等後輩的協助下，Ballack 以隊長身份率領球隊打進決賽，可是遇上旭日初昇的西班牙還是以 0 比 1 落敗，Ballack 再次與冠軍無緣。到了 2010 年，Ballack 本來已經準備好挑戰世界盃冠軍寶座，卻在決賽圈展開前不足 1 個月的足總盃決賽被踢傷，這次連參賽的機會也失去了。

而且對於 Ballack 來說，這次受傷更是一下子把他的職業生涯推倒，他不但因為國家隊在後浪推進之下無法搶回位置，而且被切爾西放棄後，回到成名球隊勒沃庫森也找不回以往的勇猛狀態，昔日獨力拯救球隊的英雄一下子消失得無影無縱。在德甲勉強混了 2 個賽季後，Ballack 只能黯然退役，並於 2014 年以觀眾身份看著以往的國家隊小弟們以及老隊友 Miroslav Klose 在巴西舉起世界盃獎座。

無冕球王

Zico

　　巴西贏過 5 次世界盃冠軍，是國際足壇公認的足球王國，不過也有球王級人馬與世界盃榮譽擦身而過，這人就是 1980 年代的巴西 10 號球衣主人 Zico。綽號「白貝利」的 Zico 在 1970 年代出道時已經協助弗拉門戈奪得洲際盃，不僅令巴西總統為他開特例，把當時還不能進口的 MVP 獎品–日本製汽車運進巴西，還令義大利北部城市烏迪內的人民聲言如果義大利足協不讓他加入當地球隊烏迪內斯，便脫離義大利加入奧地利。Zico 在 1983 年登陸義甲，可是由於球隊規模較小，而且他也受傷患困擾，結果沒能為球隊爭取冠軍之下便重返巴西。

　　Zico 的國際賽道路也相當背運，先是在 1972 年落選巴西參與奧運足球項目的大軍名單，令年少的他失望得幾乎不想再踢球。他在 1978 年首次代表巴西參與世界盃決賽圈，雖然球隊表現出色，可是在次圈分組賽同組對手秘魯莫名其妙的大敗在主辦國阿根廷之下，巴西只能參與季軍戰。四年後的西班牙世界盃決賽圈，Zico 正式成為 10 號球衣的主人，並與 Falcao、Socrates 和 Cerezo 組成「桑巴中場四重奏」，在次圈分組賽擊敗阿根廷報仇，可是竟然在另一場分組賽兩度領先下被義大利連進 3 球，巴西無緣參與四強戰。到了 1986 年世界盃決賽圈，Zico 卻因為受傷患困擾而無法發揮水準，到了八強戰面對法國也射失了 12 碼球，最終令巴西在互射 12 碼階段落敗出局。

在 1989 年的時候，Zico 已經年屆 36 歲，所以再無法為巴西出戰，同時也結束了職業足球員生涯。不過他的足球故事第二頁在 1991 年才展開，他意外地復出加盟日本乙級聯賽球隊，位於茨城縣的住友金屬，2 年後更與球隊一起參與首屆 J 聯賽，球隊名稱亦更名為鹿島鹿角。Zico 在 1994 年終於正式退役，不過在翌年卻獲邀代表巴西參與沙灘足球世界盃，並射進 12 球成為冠軍功臣，總算是圓了世界盃冠軍的夢。雖然後來他轉任教練，率領日本國家隊和多支歐洲和亞洲球隊比賽都沒能獲得球員時代的成就和榮譽，不過他在巴西和鹿島市人民心目中絕對是英雄人物。

超級殺手

Shearer

英格蘭在剛過去的歐洲盃功虧一簣，沒能在家門口首次奪得歐洲盃，當中的十二碼大戰更是令英格蘭球迷憤慨不已。相信英格蘭球迷在這時刻會想到如果有 Alan Shearer 在的話，情況也許會完全不同。

Shearer 雖然只是效力小球隊南安普頓，不過以出色的進球能力獲得英格蘭代表隊的青睞，入選 1992 年歐洲盃決賽圈大軍。可是由於當時的領隊 Graham Taylor 的保守領軍方針，令 Shearer 只能在打和法國一戰上場，英格蘭也在小組賽便出局。隨著 Gary Lineker 的引退，Shearer 成為英格蘭的主力射手，可是在 1994 年世界盃資格賽期間因傷缺席不少比賽，成為英格蘭無緣晉級的主因之一。

到了 1996 年歐洲盃，Shearer 在首戰便打破了 21 個月的國際賽進球荒，雖然沒能協助英格蘭贏球，不過也打開了他的進球大門。他在這一屆賽事進了 5 球成為金靴獎得主，也在八強戰和四強戰的 12 碼大戰進球，可是英格蘭還是敗在德國之下無緣奪冠。

到了 1998 年世界盃決賽圈，Shearer 已經榮升為隊長，在十六強對阿根廷一戰也有進球，不過比賽還是進入互射十二碼階段，Shearer 也射進了，可是因為隊友射失了，令英格蘭再次倒在十二碼大戰上。兩年後的歐洲盃決賽圈，Shearer 再次以隊友身份率領英格蘭出戰，首戰卻在領先 2 球下反負葡萄牙腳下。第 2 場小組賽面對宿敵德國，Shearer 以頭球

頂進唯一進球協助英格蘭贏球。可是英格蘭在最後一場分組賽輸給羅馬尼亞沒能晉級。Shearer 也在賽後急流湧退，年僅 30 歲便退出代表隊，也令他無緣與英格蘭贏取錦標。在 Shearer 引退後，無論是 Michael Owen、Wayne Rooney 還是現在的 Harry Kane，似乎還是沒能成為跟 Shearer 那麼可靠的英格蘭中鋒。

東歐球王

Hagi

每當有代表性的球星出現，隨後便會有媒體吹捧一些球風相近的後輩為「哪裡哪裡的甚麼甚麼人」，比如是 Zico 曾被稱為「白貝利」，前北韓國腳鄭大世被稱為「北韓 Rooney」，近年世界各地都幾乎都有一個屬於他們自己的「梅西」。不過如果要說最接近的，相信是有「東歐馬拉度納」之稱的羅馬尼亞名將 Gheorghe Hagi。

Hagi 的球風跟馬拉度納非常相似，同樣是身材不高大，可是盤球、罰球和傳球功夫非常上乘，是能夠以一己之力改變比賽局面的核心人物。不過由於 Hagi 生於從來都不是足球強國的羅馬尼亞，所以成就無法與「馬哥」相比。他在 1983 年便開始為羅馬尼亞上場，可是到了 1990 年世界盃決賽圈才首次於大賽舞台亮相，而且還在小組賽與真正的馬拉度納交手，可惜雙方在這場比賽都沒有亮眼演出，比賽也以和局終場。羅馬尼亞在十六強賽沒能攻破愛爾蘭，反而在互射十二碼大戰被淘汰，Hagi 的首次大賽出場便無聲無息地結束。

四年後的 1994 年世界盃決賽圈，Hagi 以隊長身份率領羅馬尼亞捲土重來，這次他的確發揮了球王級的表現，首戰面對哥倫比亞以 2 次助攻和 1 個 40 碼外的遠射建功，協助球隊以 3 比 1 勝出。羅馬尼亞在十六強賽再遇阿根廷，可惜馬拉度納已經因為服用禁藥停賽，Hagi 無緣再與對方交手。不過 Hagi 還是展現球王本色，協助羅馬尼亞以 3 比 2 精彩

的淘汰阿根廷，歷史性打進八強。可惜羅馬尼亞在八強賽沒能擊敗瑞典，在互射十二碼輸了出局。

到了 1998 年世界盃決賽圈，Hagi 還是羅馬尼亞的核心人物，率領球隊在小組賽擊敗英格蘭，可惜在十六強賽不敵克羅埃西亞出局。Hagi 在世界盃後退出國家隊，不過在 2000 年歐洲盃決賽圈前接受足協的邀請復出，再次戴上隊長臂章出戰。可惜當年已經 35 歲的 Hagi 風光不再，雖然球隊能打進八強，卻無法與義大利匹敵，還因為犯規被裁判罰紅牌出場，他的國際賽生涯就此以遺憾結束。

在球會層面上，Hagi 的發展也是不如人意，他在布加勒斯特星隊唯一一次奪得歐冠錦標之後的夏天才加盟這支國內班霸球隊，雖然在 1990 年世界盃決賽圈後獲邀加盟皇家馬德里，卻無法獲得足夠上場機會。轉戰義甲的布雷西亞之後也無法阻止球隊降級。1994 年世界盃的優異表現令他獲得巴塞隆納的邀請，可是這次回到西甲也是以失敗告終，由於沒有太多上場機會，所以只踢了 1 個賽季便遠走到土耳其加盟加拉塔薩雷。Hagi 在這個歐洲邊沿國家才找到自己的天地，在 35 歲的時候協助球隊擊敗兵工廠奪得歐洲足聯盃，成為土耳其史上首支奪得歐洲冠軍的球隊。

Hagi 退役後立即獲委任為羅馬尼亞國家隊總教練，可是沒能率領球隊打進世界盃決賽圈後，只做了四個月便被辭退。後來他在多支羅馬尼亞和土耳其球隊執教，也沒有什麼亮眼

的成績。同時他在 2009 年成立康斯坦察勝利隊，並於 2014
年索性安排自己成為總教練，這樣的操作竟然能讓該隊在
2016–17 年賽季奪得羅甲冠軍。勝利隊在今年與同市的另一
支球隊燈塔隊合併，Hagi 則繼續擔任老闆兼總教練，率領球
隊征戰新賽季。

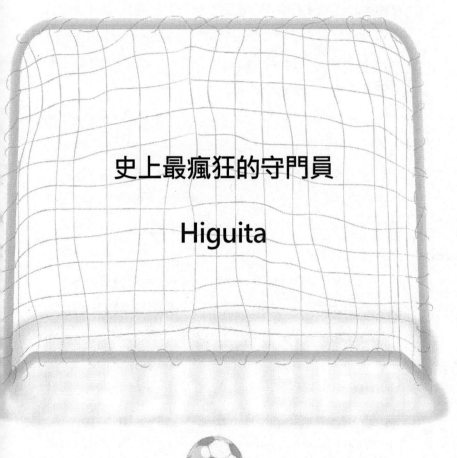

史上最瘋狂的守門員

Higuita

　　穩健的守門員可以令球隊容易贏球，是每一個教練都希望擁有的，相反如果守門員經常作出驚險舉動，肯定會令教練膽戰心驚，不過觀眾或許會看得很過癮。哥倫比亞門將 Rene Higuita 以往在場上作出不少瘋狂行為，對於球迷而言絕對是其中一名史上最令人深刻的守門員。

　　蓄有一撥卷毛長髮的 Higuita 光是看外表便知道他不是泛泛之輩，他在 1989 年美洲盃開始成為哥倫比亞首選門將，所以在 1990 年世界盃決賽圈也成為他成名的舞台。由於他認為自己的腳法不錯，當然在那個門將可以用手接住隊友回傳球的年代，他的腳法在門將界來說確實很好，所以他作出非常劃時代的舉動，便是經常走出禁區以腳接住隊友的回傳球，有時甚至權當清道伕，比對手快一步用腳把皮球踢走解圍，當然也少不了在門前盤球秀一下腳法，令當年的觀眾眼界大開。Higuita 的這些舉動在小組賽並沒有什麼出錯，哥倫比亞也打進十六強。可是就在十六強賽的時候，他老哥竟然被喀麥隆射手 Roger Milla 搶走腳下球，後者立即毫不客氣將皮球送進空門，令哥倫比亞直接出局，成為世界盃史上其中一個最經典的場面，自此 Higuita 被外界稱為「瘋子」，他此後也承認自己犯下跟房子一樣大的錯誤。

　　不過 Higuita 老哥口裡說不，身體卻很誠實。雖然他在往後確實減少了秀腳法，不過充滿娛樂性的踢球方法還是沒有改變，而且偶爾上前主射罰球，光是在國際賽便有 3 個進

球。本來他應該還是有機會在 1994 年世界盃決賽圈再次為
球隊出戰，不過他老哥卻在 1993 年因為涉及協助大毒梟
Pablo Escobar 綁架而入獄，令他失去在國家隊的位置。
Higuita 在哥倫比亞兵敗 1994 年美國世界盃決賽圈後回歸
國家隊，再次以主力門將身份參與 1995 年美洲盃。同年 9
月他代表球隊作客英格蘭期間，竟然施展了後腳蝎子式救球，
再次令人感受到瘋子的魅力。

　　可惜 Higuita 始終令教練放不下心，所以還是很快被後
輩取代，在 1998 年世界盃決賽圈再次落選，縱然在 1999 年
美洲盃再次入選，也只能成為沒有機會上場的替補門將。美
洲盃結束後，當時已經年屆 34 歲的 Higuita 再沒有獲徵召。
而他在 2005 年也因為在藥物測試不合格而被逼退役，雖然
當時他已年屆 39 歲，不過以這種不名譽的方式結束球員生
涯也挺符合他的瘋子形象。熱愛足球的他卻在兩年後復出，
而且在哥倫比亞乙級聯賽踢了 3 年，在 44 歲的時候才正式
結束多姿多彩的球員生涯。

膝傷令他成為傷仲永

Whiteside

　　如果要談及北愛爾蘭足球的話，曼聯名宿 George Best 肯定是第一個出現的名字，其次相信是年少成名的另一名前曼聯球員 Norman Whiteside。

　　Whiteside 的足球生涯可說是相當充滿傳奇色彩，他在十來歲的時候便已經成為英格蘭足壇的矚目新星。在他 14 歲的時候，當時是伊普斯維奇領隊，後來成為英格蘭國家隊領隊的 Bobby Robson 便看中他，並決定在 Whiteside 成年後便把他帶到英格蘭。可是當時曼聯的北愛爾蘭球探截足先登，把 Whiteside 帶到曼徹斯特。由於同樣是來自北愛爾蘭的天才少年，所以 Whiteside 被外界稱為「新 George Best」，不過他討厭這稱號，並強調兩者的共通點只是出生地而已。

　　不過 Whiteside 的天才橫溢在 16 歲已經展現出來，在 1982 年 4 月，他便在對布萊頓的聯賽上場，成為繼名宿 Duncan Edwards 之後為曼聯成年隊上場的最年輕球員。在渡過 17 歲生辰的 8 天後，Whiteside 更在對斯托克城的聯賽進球，成為曼聯史上最年輕進球者。雖然只參與過以上 2 場職業球隊正式賽事，Whiteside 卻已經獲得代表北愛爾蘭參與 1982 年世界盃決賽圈，在首場分組賽對南斯拉夫一戰更首次為國家隊上場，當天他的年齡是 17 歲 41 日，打破球王貝利的紀錄成為世界盃決賽圈史上最年輕上場球員。

　　Whiteside 還沒到 20 歲便成為北愛爾蘭和曼聯的主力前鋒，協助北愛爾蘭奪得最後一屆由英倫三島四地代表隊參

與的英國錦標賽冠軍。到了 1986 年，21 歲的 Whiteside 已經成為北愛爾蘭的核心成員，並於對阿爾及利亞一戰取得唯一的世界盃決賽圈進球，可是北愛爾蘭在分組賽便出局。

其實 Whiteside 在出道之前已經開始受傷患困擾，他在 15 歲的時候已經弄傷大腿，也因此令他無法加速，導致移動速度緩慢成為他的職業生涯致命傷。成為職業球員後，他的膝部和足踝也遭遇過嚴重傷患，從而影響了他的表現。在 1988–89 年賽季，他因為受傷導致上場次數大幅減少，導致他在 1990 年轉投埃弗頓爭取上場機會。在埃弗頓的首個賽季，Whiteside 還可以展現不錯的表現，在 35 場聯賽射進 9 球。可是在 1991–92 年賽季，由於當時的領隊要求隊員不停跑動，令 Whiteside 的膝蓋終於再熬不住，整個賽季只能上場 2 次，結果這名世界盃決賽圈史上最年輕上場的球員，在 27 歲的時候便被逼結束球員生涯。

也許是受傷患影響得太深，所以 Whiteside 在退役後到大學進修並成為足療師，在曼徹斯特成立相關的醫療組織協助他人解決足患問題。他在退役一度成為業餘球隊領隊，不過很快便因為不喜歡需要領軍四處旅行出征而放棄執教。除了擔任足療師工作，Whiteside 也間中在電視台客串球評工作。

左腳被廢掉的名將之父

Haaland

挪威前鋒 Erling Haaland 可說是近年其中一名最受注目的年輕前鋒，他的出現令曾經也是英超球員的父親 Alf-Inge Haaland 再次活躍於球迷的視線範圍，不期然再次令人對他的職業生涯感到惋惜。

兒子 Erling Haaland 是射術、力量、速度和身材皆屬世界頂級的前鋒，父親 Alf-Inge Haaland 的踢球風格卻完全不同。Alf-Inge Haaland 是踢法勇悍的防守球員，雖然司職防守中場，不過也能勝任中衛，體力和身材是他的武器，而且有時也能藉頭球和遠射為球隊建下奇功。他在 1993 年從挪威球隊轉投諾丁漢森林，在 1994 年初首次代表挪威國家隊上場，繼而入選 1994 年世界盃決賽圈大軍名單，並於對義大利和墨西哥兩場比賽上場。雖然因為挪威國家隊及後湧現人材，令他無緣參與 1998 年世界盃決賽圈，不過他在英超還是吃得開，及後轉投利茲聯和曼城也是球隊的主力防守球員。

效力曼城令 Alf-Inge Haaland 與同市宿敵曼聯的隊長 Roy Keane 結怨，由於二人是相同位置的球員，所以在德比戰的時候時常交手，說直白一點是在場上交鋒的時候為了獲得優勢而有意無意地傷害對手。雙方的仇怨早於 1997 年已結下，當時 Roy Keane 在與仍然效力利茲聯的 Haaland 爭奪皮球時不慎弄傷十字韌帶而倒下，Haaland 認為 Roy Keane 是詐傷而毫不客氣地辱罵他。於是在 2001 年的德比

戰中，Roy Keane 便趁機報復，蓄意踢向 Haaland 的右膝蓋，Roy Keane 立即裁判罰紅牌，雖然 Haaland 仍然堅持比賽，可是賽後卻診斷為左膝蓋嚴重受傷，接下來超過 1 年都不能比賽。雖然他在 2003 年復出，可是再無法應付高水平的英超比賽，所以決定在 31 歲的時候便退役。直到退役後八年，Haaland 在家鄉的挪威丙級聯賽球隊短暫復出，然後才正式結束球員生涯。

烏龍球令他輸掉生命

Escobar

已故利物浦名帥 Billy Shackly 說過「足球大於生死」，事實上在歷史因為足球而死的人卻不在少數，近年來說最震撼的一人肯定是哥倫比亞後衛 Andres Escobar。

Andres Escobar 在 1980 年代末開始成為哥倫比亞國家隊的主力後衛，他出身在中產家庭，父親更是銀行家，所以不僅與該國著名的貧窮和罪惡沾不上邊，他自己也是在當地知名學府畢業的好學生。由於踢球的風格儒雅，所以他在哥倫比亞的稱號是「紳士」。在 1990 年世界盃決賽圈上，年僅 23 歲的 Escobar 已經是哥倫比亞的主力中衛，協助哥倫比亞首次參與世界盃決賽圈便打進十六強。後來在 1994 年世界盃資格賽，他也協助球隊意外地以 5 比 0 大破阿根廷，1994 年世界盃主辦國美國將是他和隊友們名留青史的地方。

可是一切都與預計的相反，哥倫比亞在 1994 年世界盃決賽圈首戰便以 1 比 3 不敵羅馬尼亞，在第 2 場分組賽面對東道主美國，Escobar 在自家球門前意圖以鏟球攔截對手的傳中球，豈料卻把皮球鏟進自家網窩，種下哥倫比亞最後不敵美國的結果。雖然 Escobar 及時振作，在第 3 場分組賽協助球隊擊敗瑞士，可是哥倫比亞還是在分組賽便出局，這場比賽不幸地成為 Escobar 人生最後一場足球賽。

Escobar 跟哥倫比亞國家隊回國後不足一周，便在哥倫比亞首都麥德林被槍殺，終年只有 27 歲，當時世界盃決賽圈還在進行淘汰賽階段，事件令舉世震驚。當時的報道指

Escobar 因為在世界盃賽事烏龍球一事與他人口角，導致後來被對方槍殺，亦有傳說是因為該烏龍球導致哥倫比亞在世界盃提早出局，令當地的黑幫在博彩上虧大錢引致殺機。不過無論如何，由於 Escobar 在國際足壇形象正面，他慘遭槍殺令哥倫比亞國家形象嚴重受損。而在 Escobar 離世後，哥倫比亞足球也逐步衰落，在 1998 年世界盃決賽圈再次於分組賽出局後積弱不振。及至 2014 年世界盃再次參與決賽圈並打進 8 強，才洗去 1990 年代種下的負面形象。

Carlos Valderrama

哥倫比亞明星中場 James Rodriguez 還沒到 30 歲便去了中東踢球，相信不少人對這名或許是哥倫比亞史上最好的球員感到可惜。對於哥倫比亞人來說，史上最厲害的球員相信是有「金毛獅王」之稱的 Carlos Valderrama。

哥倫比亞在 1990 年首次打進世界盃決賽圈，這支非常有個性的南美洲球隊，由一個形象非常突出的球員作領袖，他就是 Carlos Valderrama。哥倫比亞陣中沒有金髮球員，只有 Valderrama 蓄有一個金色爆炸裝，令人一看便非常難忘。除了形象以外，Valderrama 也是球場上的傳球和罰球大師。他在 1990 年世界盃決賽圈對阿拉伯聯的分組賽，以一記遠射協助球隊取得史上首場決賽圈勝仗。到了第 3 場分組賽，哥倫比亞在輸了便出局的情況下，在完場前由 Valderrama 作出漂亮傳送給隊友 Freddy Rincon 進球，令球隊得以打和西德晉級十六強。可惜哥倫比亞在十六強賽加時階段因為門將 Rene Higuita 的經典失誤而失球出局。

Carlos Valderrama 在 1994 年世界盃資格賽率領哥倫比亞以 5 比 0 大勝阿根廷，得以再次晉級決賽圈。正當外界認為哥倫比亞將是有力爭奪冠軍的球隊時，Valderrama 卻在決賽圈前受傷，雖然後來還是能趕及參賽，可是他和球隊的發揮跟外界預計的差很遠，結果哥倫比亞在分組賽便出局，回國後還發生 Andres Escobar 遭槍殺的慘劇。

　　重新出發的哥倫比亞在 Valderrama 的領導下，在 1998 年第 3 次參與世界盃決賽圈。可是這時哥倫比亞已經出現青黃不接的問題，Valderrama 也已經 37 歲，縱然傳球和罰球能力還在，可是體力再也無法支撐下去，在表現平平下，哥倫比亞只能屈居在羅馬尼亞和英格蘭之下，再次於分組賽出局，Valderrama 也在世界盃後退出國家隊。

　　Carlos Valderrama 是一名踢法非常傳統的南美中場指揮官，強於傳送和遠射，可是移動速度很慢，走動範圍也很小，所以職業生涯幾乎都在美洲渡過。他也曾經在 1988 至 92 年間在法國和西班牙踢球，不過礙於身體質素而沒能取得成功。他在職業生涯末段參與當時剛成立的美國職業聯賽，在 2002 年賽季後結束球員生涯，當時他已經 41 歲。

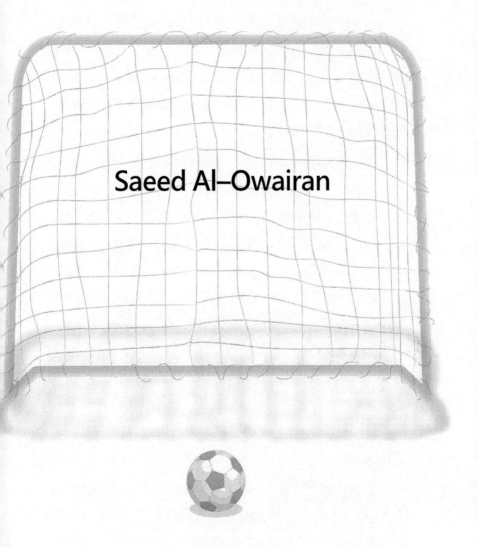

Saeed Al–Owairan

　　中東足球在國際足壇的成績一直都是不怎麼樣，加上當地的消息傳播相對比較封閉，所以很少受到國際足壇的關注。沙烏地阿拉伯在 1994 年世界盃能夠打進十六強賽，已經算是最突出的成績。在當年的比賽中，Saeed Al-Owairan 射進一個馬拉度納式的進球，更成為該屆賽事其中一個最令人印象深刻的片段。

　　Saeed Al-Owairan 的崛起其實並非偶然，他在 1990 年代是沙烏地阿拉伯前鋒線的領軍人物，在 1992 年的法赫國王盃邀請賽（洲際國家盃的前身）便大放異彩。他在決賽射破世界盃亞軍阿根廷的大門，雖然球隊仍然落敗，不過也已經初步證明了 Saeed 的能力。到了 1994 年世界盃決賽圈，沙烏地阿拉伯在首場分組賽便幾乎令荷蘭失利。Saeed 則在最後一場分組賽，從後半場拿到皮球後獨立盤球扭過 5 個比利時後衛取得進球，協助沙烏地阿拉伯以 1 比 0 擊敗比利時，取得小組次名晉級十六強賽。雖然沙烏地阿拉伯在十六強賽不敵瑞典出局，不過 Saeed 的這個進球被國際足聯評為這一屆賽事的最佳進球，也在世界盃決賽圈史上金球榜排在前 10 名內。

　　Saeed Al-Owairan 因為這個精彩進球，被國際媒體評為「中東馬拉度納」，也因此獲得不少歐洲球隊垂青。可是當時沙烏地阿拉伯政府禁止球員到海外踢球，所以 Saeed 無奈地失去這個難得的機會。禍不單行的是 Saeed 在 1996 年被

當地警方查到在齋戒期間喝酒和跟女性會面，因此被重罰監禁數月，也被禁止參與足球活動 1 年，也因此錯過了同一年沙烏地阿拉伯奪得亞洲盃冠軍的殊榮。

禁賽期結束後，Saeed Al–Owairan 回到國家隊，也入選了 1998 年世界盃決賽圈大軍。不過當時的 Saeed 已經 31歲，位置也從前鋒改任中場，加上球隊實力跟四年前差很遠，所以也無法在法國展現昔日的風采，結果沙烏地阿拉伯也在分組賽出局，他也沒為世人再留下深刻印象。世界盃結束後，Saeed 結束了國家隊生涯，三年後選擇退役，十三年職業球員生涯只效力 Al–Shabab 一支球隊。

背運之極的名將之父

Enrico Chiesa

　　有些球員總是每當遇到順境的時候，傷患便會自然來找他麻煩，被譽為義大利新金童的 Nicolo Zaniolo 如是，他的前輩 Enrico Chiesa 也如此。

　　Enrico Chiesa 雖然在剛晉身成冠軍級球隊的桑普多利亞出道，不過開局發展並不順利，當他渡過兩年外借低級別球隊汲取經驗的歲月後，他獲得為桑普多利亞一隊踢球的機會，可是縱然當年的桑普多利亞擁有 Roberto Mancini 和 Gianluca Vialli 等明星前鋒做夥伴，Chiesa 的表現不佳，整個賽季只進 1 球，所以賽季後被球隊放棄，只能回到低級別聯賽踢球。到了 1994–95 年賽季，他在克雷莫納終於證明了自己，雖然他沒能協助球隊保級，不過以個人獨取 14 個進球的成績，獲得桑普多利亞再次把他招攬。這次 Chiesa 沒有再錯過機會，在 Mancini 協助下取得 22 個義甲進球，並因此獲得義大利國家隊徵召，擊敗 Roberto Baggio 和 Gianluca Vialli 等明星前鋒，入選參與 1996 年歐洲盃決賽圈大軍。

　　在 1996 年歐洲盃決賽圈，Chiesa 在第 2 場分組賽對捷克一戰上場並有進球，可是球隊最以敗北。然後 Chiesa 也在第 3 場分組賽對德國一戰上場，可是沒能進球，最終只能以 0 比 0 終場，令義大利無法晉級。Chiesa 在歐洲盃後加入帕爾馬，令他的事業更進一步，也成為義大利足壇其中一名最厲害的前鋒，也因此獲得義大利國家隊補選進入 1998 年世界盃決賽圈大軍名單，並於其中 2 場賽事上場。

　　到了 1999 年，Enrico Chiesa 轉投佛倫堤那，卻因為與陣中的塞爾維亞前鋒 Predrag Mijatovic 爭奪正選席位落下風而影響表現，令他無法獲得參與 2000 年歐洲盃決賽圈的機會。到了 2000–01 年賽季，佛倫提那的樑柱 Gabriel Batistuta 離開，令 Chiesa 成為球隊主力前鋒，他也不負所託的射進 22 球，並協助球隊擊敗帕爾馬奪得義大利盃。可是佛倫提那這時已經深陷財政危機，在大量主力離開之下仍然決定留效，他也以超強的狀態為球隊踢出好開始，在 2001–02 年賽季，他在首 5 場聯賽便進了 5 球，可是就在第 5 場對威尼斯的賽事卻弄斷十字韌帶，整個球季再也沒法上場，不僅因此失去再次參與世界盃決賽圈的機會，佛倫提那也因為失去他而保級失敗，及後更宣告破產。

　　佛倫提那降級後，Chiesa 也在 2002–03 年賽季傷癒和加入拉齊歐，可是嚴重膝部受傷令他再找不回以往的狀態，在拉齊歐的那個賽季只進 1 球，結果再也無法回到國家隊，他也只能轉投升級馬錫耶納。在錫耶納的首 3 個賽季，Chiesa 稍為找到以往的狀態，連續 3 個賽季都有雙位數字的聯賽進球，對於當時已經超過 30 歲的球員來說並不簡單。不過由於時不我與，Chiesa 也逐漸失去光芒，在 2006–07 年賽季更是一個進球都沒有，結果逐步淡出主力陣容，及後在低級別聯賽球隊 Figline 踢到 40 歲才退役。

Enrico Chiesa 本來在退役後立即轉任 Figline 的總教練，可是由於這支球隊財政出現嚴重問題，甚至無法提交註冊費用，所以在 Chiesa 確定上任不足一個月，球隊便宣告解散。雖然 Figline 當地很快便重新建立一支新球隊參與低級別聯賽，不過也已經跟 Chiesa 沒關係，他也再沒有在教練這條路上發展。Enrico Chiesa 的職業足球生涯充滿悲情，不過兒子 Federico Chiesa 現已長大成材，在今年夏天更以主力身份為義大利贏得歐洲盃，成就已經超級父親，相信足以彌補 Enrico Chiesa 在足壇的遺憾。

David Platt

　　英格蘭代表隊在 1990 年代經歷了高山和低谷，在這段時期中，David Platt 可說是其中一名最高代表性的人物。

　　David Platt 在弗格森領隊時代來臨前的曼聯出道，不過只是半年時間便被放棄，從來沒有為曼聯踢過一場球賽。幸好他以跑不完的體力和超強的後上射門能力，為自己在足壇掙到一席之地，先是協助克魯從丁級聯賽升級，然後協助阿斯頓維拉重返當時還是最頂級的英甲聯賽。在 1989–90 年賽季，司職中場的 David Platt 卻獨取 19 個英甲進球，協助球隊以升級馬身份奪得聯賽亞軍，而且還獲得英格蘭足協選進世界盃決賽圈的大軍名單。David Platt 在 1990 年世界盃決賽圈本來只是替補，不過由於隊長 Brian Robson 受傷，所以他從第 2 場分組賽打和荷蘭一戰開始替補上場。到了十六強賽苦戰比利時，他也是在加時階段才替補上場，正當比賽眼看著要以互射十二碼決勝之際，Platt 卻在完場前一刻接應 Paul Gascoigne 的傳中，第一時間以一個 180 度轉射抽射取得個人國際賽首個進球，也是這個進球協助英格蘭險勝晉級。此後 Platt 便成為英格蘭的正選，在八強和季軍戰都有進球，他和 Gascoigne 成為當屆英格蘭隊的最亮眼新秀。不過當時萬萬想不到的是，這一次卻是這名當時只有 24 歲的年青人唯一參與過的世界盃決賽圈。

　　1990 年世界盃後，David Platt 把好狀態延續在球會賽事，他連續兩個賽季取得 19 個聯賽進球。於是他獲當時獲稱為「小型世界盃」的義甲聯賽招手，雖然在義大利首站是保

級球隊巴里，在他加盟的首個賽季便降級，不過他也在首個
義甲賽季射進 11 球，連當時根本互不相識的桑普多利亞隊
長 Roberto Mancini 也特地打電話邀請他加入。所以巴里降
級後自然無法留住他，不過他加盟的是尤文圖斯。對於 Platt
來說，1992 年的夏天是黯然，除了無法協助巴里保級，他和
英格蘭代表隊在 1992 年歐洲盃決賽圈都陷入低迷，他雖然
在對瑞典的分組賽進球為英格蘭取得領先，英格蘭卻最終落
敗，連續兩屆賽事在分組賽出局，這個進球也是英格蘭在這
一屆賽事的唯一進球。雖然在歐洲盃後一登龍門加盟尤文圖
斯，不過他在「老婦人」沒有太多機會，在 1992–93 年賽季
只有 16 次聯賽上場機會，射進 3 球，雖然球隊拿到歐洲足
聯盃，可是他沒有進入決賽的大名單。

　　Roberto Mancini 似乎非常深愛 David Platt，因為縱使
他已經加入尤文圖斯，Mancini 還是經常致電表示希望 Platt
能成為隊友。結果 Mancini 的願望在 1993 年夏天終於成真，
在尤文圖斯不得志的 Platt 加盟桑普多利亞，首個賽季便協助
球隊贏得義大利盃。可是與此同時，Platt 和英格蘭代表隊在
世界盃資格賽被挪威殺得焦頭爛額，結果沒能打進 1994 年
世界盃決賽圈。這時候傷患開始敲門，膝部持續受傷令 Platt
的狀態開始走下坡。Platt 在 1995 年夏天結束四年義大利之
旅，返回英格蘭加盟兵工廠，在 Arsene Wenger 上任領隊
後更加受重用，與 Patrick Vieira 組成強大的中場線。不過在
1996 年歐洲盃決賽圈上，由於他的狀態不及後輩 Paul Ince，

所以縱然是隊長也只能在分組賽兩次替補上場，到了八強和四強因為隊友停賽而獲得正選上場機會，不過也無法再跟1990年世界盃決賽圈時候的耀眼表現相比，結果英格蘭在自家門口不敵德國無緣錦標，Platt 在歐洲盃後也結束代表隊生涯。

Platt 在 1997–98 年賽季因為 Emmanuel Petit 的加盟而失去在兵工廠的主力位置，1998–99 年賽季更因為受傷而成為自由身球員。休息了一個賽季後，他在 1999 年夏天獲剛降級至次級聯賽的諾丁漢森林委任為領隊兼球員，在兩個賽季合共上場 5 次射進 1 球。可是他的執教能力跟踢球能力相差很遠，離開了森林後，這名球員生涯光輝期很短的前英格蘭隊長便正式退役，及後任教英格蘭 U21 代表隊的表現都沒有交出成績，所以後來也只是擔任球評，並在好友 Mancini 任曼城領隊期間擔任副手而已。

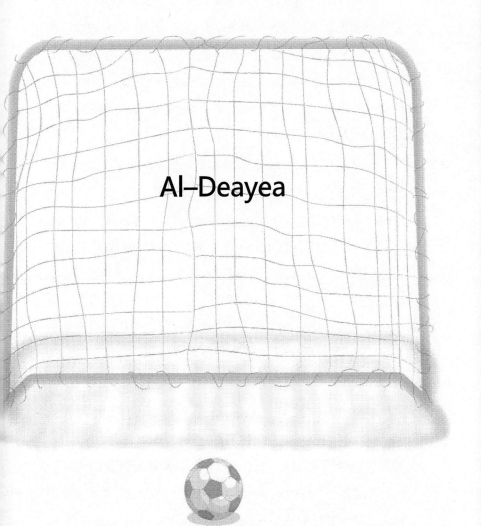

Al–Deayea

　　沙烏地阿拉伯足球近年有復甦跡象，不僅目前在世界盃資格賽領先澳洲和日本，Al-Hilal 也在 2019 年奪得亞冠錦標。沙烏地阿拉伯足球上一個黃金時代是在 1990–2000 年代，門將 Mohamed Al-Deayea 是其中一個代表人物。可是對於不少球迷來說，關於他的第一印象也許在世界盃決賽圈單場失了 8 球。

　　Mohamed Al-Deayea 本來是手球運動員，後來在沙烏地阿拉伯國家隊門將也是他的兄長 Abdullah 的影響下，決定轉換比賽場地，不過還是繼續用手打球，跟兄長一樣成為守門員。由於兄長 Abdullah 在 1980 年代是沙烏地阿拉伯的首席門將，所以初出道的 Mohamed 承受了不少外界的壓力。幸好他克服了壓力之後青出於藍，從 1993 年開始成為沙烏地阿拉伯國家隊主力門將，協助球隊打進 1994 年世界盃決賽圈，並創下打進十六強賽的好成績，兩年後率領球隊奪得亞洲盃，成就比兄長更高。

　　Mohamed Al-Deayea 及後代表沙烏地阿拉伯參與 1998 年和 2002 年世界盃決賽圈，可是球隊的實力每況愈下，不僅沒能晉級淘汰賽，還在 2002 年決賽圈首戰以 0 比 8 慘敗在德國腳下，Mohamed Al-Deayea 在這場比賽大出洋相。結果在這一屆世界盃結束後他退出國家隊，他在 2004 年短暫復出，不過在亞洲盃決賽圈舉行前再度退下來，到了 2006 年世界盃決賽圈之前再次復出，在 7 場熱身賽上場，並入選

決賽圈大軍，可是這一次他只擔任替補門將，沒有機會上陣，世界盃結束後他正式離開國家隊，最終他錄得 177 次國際賽上場紀錄，成為男足史上國際賽上場次數最多的球員，埃及的傳奇球員 Ahmed Hassan 在 2011 年後才追平他的紀錄。

Mohamed Al-Deayea 在 2010 年結束職業球員生涯，他效力的 Al-Hilal 在 2012 年為他舉辦告別賽，對手是尤文圖斯，結果以 1 比 7 慘敗，當然這一次跟世界盃那次慘敗的意義完全不同，就算是需要多次從球網內拿球出來，也沒有影響足壇對他的尊敬。

Recoba

　　他曾經獲譽為是「王子」的接班人，也是南美洲其中一名球技最接近「球王」級別的人。可是傷患和際遇令他無法達到與才華相應的成就，他就是烏拉圭一代名將 Alvaro Recoba。

　　擁有秀麗腳法和全能進攻能力的 Recoba，在 18 歲的時候便代表烏拉圭上場，首戰便是入替「王子」Enzo Francescoli。在 1995 年美洲盃後，Recoba 便成為烏拉圭國家隊的主力球員，並在世界盃資格賽展現令人驚嘆的表現，當中最受感動的肯定是當時的國際米蘭會長 Massimo Moratti。當時對羅致球星毫不手軟的 Moratti 便在 1997 年把 Recoba 羅致旗下。Recoba 也很爭氣，首戰替補上場便獨取兩球，協助國際米蘭以二比一反勝布雷西亞。可是由於當時的國際米蘭擁有太多世界級前鋒，包括 Ronaldo、Ivan Zamorano 和 Nwankwo Kanu，加上登陸歐洲後很快便受傷患困擾，所以在首兩個賽事只踢了九場聯賽，而且大部分都是替補上場。直到 1999 年 1 月，他為了爭取更多上場機會，於是外借到保級球隊威尼斯，他在這支水鄉球隊演好救世主的角色，在 19 場聯賽竟然獨取 11 球和助攻 9 次，協助球隊最終逃出生天。

　　經過這半個賽季的成功，Alvaro Recoba 回到國際米蘭後的地位明顯提升，不過由於當時的國際米蘭前線巨星如雲，卻一直難以組成一支發揮應有戰鬥力的強隊，甚至被外界稱

為「球星墳墓」，所以 Recoba 也跟著球隊浮沉。在國家隊層面上，Recoba 的際遇也差不多。雖然烏拉圭在 1995 年奪得美洲盃，可是此後因為 Enzo Francescoli 一輩的球員老退導致青黃不接，Recoba 自己也始終無法在國家隊發揮穩定，所以在 1998 年沒能打進世界盃決賽圈，四年後終於可以參賽，可是在分組賽便出局，Recoba 也只能在對塞內加爾的一戰射進一球，這一次也是他唯一一次參與世界盃決賽圈，因為烏拉圭在 2006 年世界盃決賽圈也是無法入圍，他也在一年後的美洲盃為烏拉圭拿到殿軍後退出國家隊，無法等到與 Diego Forlan 在 2010 年世界盃拿到殿軍的光輝歲月。

國際米蘭在 2006 年「電話門」事件曝光前一直無法拿到多少錦標，及至電話門事件發生令尤文圖斯降級，AC 米蘭和拉齊歐的實力大減之後，國際米蘭和 Alvaro Recoba 終於在 2006–07 年拿到夢寐以求的聯賽冠軍（2005–06 年賽季的義甲冠軍也是國際米蘭，不過是因為尤文圖斯被褫奪冠軍才獲遞補而獲得），可是這時的 Recoba 已經年華老去，在球隊已經淪為可有可無的替補球員，所以這次奪冠也沒多少功勞是屬於他的，所以完成奪冠夢之後，他便以外借身份轉投都靈，離開效力了十一年的國際米蘭。他在都靈縱然獲得出場機會，可是也無法再現昔日的風采，所以在一個賽季後便離開義大利，及後在希臘踢了 2 個賽季也是沒有亮眼表現，

最終回到烏拉圭踢了 6 個賽季，當中為國民隊拿了 2 次聯賽冠軍，在 39 歲的時候結束球員生涯。

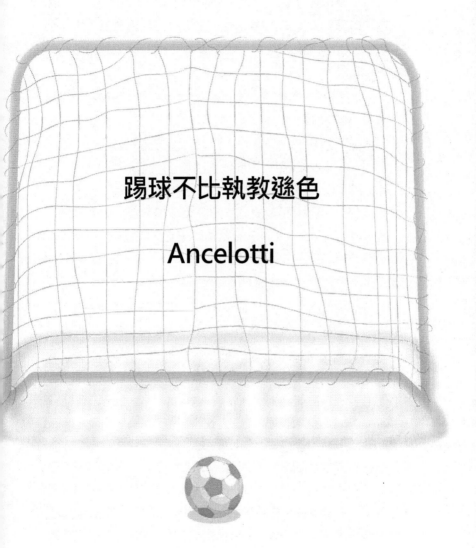

踢球不比執教遜色

Ancelotti

有不少球員是踢球出色，執教卻不行。Carlo Ancelotti
卻是球員時代沒能做主角，反而在執教生涯戰績彪炳，執教
了超過二十年之後的今天，仍然獲廣泛視為世上其中一名最
出色的教練。

Ancelotti 在帕爾馬出道的時候被總教練，本身是 Paolo
Maldini 的父親的 Cesare Maldini 安排為前鋒身後的後上殺
手，縱然只是踢丙級聯賽，也足以吸引羅馬將他羅致。到了
羅馬後，Ancelotti 被安排擔任正中場，才充分發揮他攻守皆
能和協助球隊轉守為攻的才能。他是羅馬和後來轉投 AC 米
蘭後球隊成為義甲和歐洲冠軍的基石球員，並成為義大利在
1986 年和 1990 年世界盃決賽圈的主力中場球員。不過由於
圍繞他身邊的隊友太出色，相對低調和踢法沉實的 Ancelotti
在球員生涯始終不是最受關注的一人。

Ancelotti 在 1992 年退役後立即跟隨 AC 米蘭主帥
Arrigo Sacchi 一起進入國家隊，成為後者的助教，因此練成
將來成為一代名帥的功力。雖然他在雷焦安納和帕爾馬都沒
能達到球會期望的目標，在尤文圖斯也沒能協助球隊拿到義
甲冠軍，不過自從回到母會 AC 米蘭執教後，他就像如魚得
水，又或可說是開了竅一般，成為幾乎執教每一支球隊都能
協助球隊奪冠，也能令大部分球員發揮冠軍級表現的名帥，
在 AC 米蘭、切爾西、巴黎聖日耳曼、皇家馬德里和拜仁慕
尼黑都例不虛發。雖然近年在拿坡里和埃弗頓執教的成績不
及以往，不過藉著多年累積的名聲，他在 2021–22 年賽季再
次獲得皇家馬德里垂青，重新獲得成為豪門球隊主帥的機會。
在現今的教練界當中，Ancelotti 毫無疑問是最頂級的主角之
一。

愈老愈厲害

Guardiola

　　如果要數當今最出眾的總教練，Josep Guardiola 毫無疑問是其中一名候選人。相比起現在的光芒四射，Guardiola 在球員時代卻是相當低調，對球隊而言又是不可或缺的核心。

　　Josep Guardiola 出身於巴塞隆納的青訓系統，13 歲開始成為荷蘭球王 Johan Cruyff 的得意門生，而且在 20 歲時便成為巴塞隆納成年隊的主力球員。Josep Guardiola 擁有極強的傳送和組織進攻能力，不過因為同時也懂得防守，所以被安排成為防守中場，令他變得相對低調，但是他的存在也令巴塞隆納的中場線多了一名組織進攻的球員。Guardiola 跟 Romario、Hristo Stoichkov 和 Ronald Koeman 等名將組成白金級的骨幹，協助巴塞隆納稱霸西甲和在 1992 年首次奪得歐冠。可惜他在西班牙國家隊的際遇就沒那麼好，雖然他協助西班牙在 1992 年以地主國身份首度奪得奧運男足項目金牌，不過這已經是他在國際賽的最高成就。由於當時的西班牙國家隊仍然只是黑馬身份，所以縱然為西班牙參與 1994 年和 1998 年世界盃決賽圈，以及 2000 年歐洲盃決賽圈，都無法令球隊突破八強賽階段，1996 年的歐洲盃決賽圈更因為跟總教練不和而沒有入選。

　　處事低調的 Josep Guardiola 在球員職業生涯末期才開始展現特立獨行的一面，他在 2001 年離開效力了十七年的巴塞隆納，卻選擇了當時很少西班牙球員選擇去的義甲，還要是加盟保級球隊布雷西亞，跟傳奇球星 Roberto Baggio

成為隊友。一個賽季之後，Guardiola 轉投羅馬，卻因為禁藥測試不及格被禁賽四個月，復出後也沒為球隊多踢幾場比賽便回到布雷西亞踢了半個賽季，然後便到了卡達踢球，成為歐洲遲暮球星到中東聯賽「淘金養老」的先驅。

退役後的 Guardiola 立即回到巴塞隆納展開教練工作，他先在 B 隊實習，繼而成為 B 隊總教練，只是一個賽季後便獲提升成為一隊總教練。他就任的第一件事竟然是把率領球隊拿到第二次歐冠錦標的 Ronaldinho、Samuel Eto'o 和 Deco 等核心球員全部送走，然後以 Lionel Messi、Xavi 和 Andres Iniesta 為重建核心，再提升 Sergio Busquets、Pedro 和回歸球隊的 Gerard Pique 等巴塞隆納青年軍出身的球員為主力，結果巴塞隆納在 Guardiola 的帶領下成為世界最強的球會，在他的四年任期下贏了包括兩次歐冠的十四項冠軍。在成功的高峰上，Guardiola 卻選擇退下來，並選擇到紐約退修一年，為的是走得更遠。在美國學得一口流利英語的 Guardiola，及後在拜仁慕尼黑執教繼續取得成功，並於 2016 年起執教曼城，令本來財大氣粗的曼城進化為歐洲列強再不能輕視的超級強隊。相比起球員時代的低調，在教席上的 Guardiola 肯定是漆黑中的螢火蟲。

充滿野性的哥倫比亞獵豹

Asprilla

他擁有飛快的速度和力度十足的射門能力，在場上猶如獵豹，不過在場外的紀律問題很多，對球隊而言或許是麻煩的源頭，不過對於球迷來說反而是增添一份好奇心，他就是哥倫比亞前鋒 Faustino Asprilla。

Faustino Asprilla 在出道的時候便展現在前場壓碎對手的威力，所以年僅 21 歲便成為當時是世界第一聯賽的義甲列強爭奪的球員，最終他加盟了當時還是征戰義甲不久的帕爾馬。幸好他的選擇是對的，因為他和帕爾馬在 1990 年代初期一起成長為歐洲足壇的新貴，他在首個賽季便以一記 27 碼的遠射，中止了不可一世的「米蘭王朝」五十八場比賽不敗紀錄，也協助球隊打進歐洲優勝者盃決賽，可惜在決賽因為受傷無緣出戰，幸好球隊還是贏得冠軍。Asprilla 同時為哥倫比亞國家隊建功立業，在 1994 年世界盃資格賽獨取兩球，協助球隊以五比零大破阿根廷，打進 1994 年世界盃決賽圈。本來大家都期望他和哥倫比亞在美國揚威，可是哥倫比亞卻在小組賽已出局，Asprilla 的表現也相當不濟，自然也沒有進球。

Asprilla 擺脫世界盃的失意回到帕爾馬，在隊友 Tomas Brolin 嚴重受創長期休息之下，他協助球隊奪得義甲亞軍和歐洲足聯盃。不過在 1995 年夏天過後，Asprilla 再不是球隊計劃內的球員，在缺乏上場機會下，Asprilla 決定加盟當時希望爭奪英超錦標的紐卡索聯。在寒冷的英格蘭東北部，

Asprilla 的開局其實很順利。可是過了不久後便發現他始終無法穩定交出高水平表現，半個賽季上場十四次只進三球，加上場外紀律不佳，以及紐卡索聯後勁不繼最終被曼聯超越失落錦標，令 Asprilla 被紐卡索聯球迷指摘為失冠的罪人之一。

1996 年夏天，隨著傳奇射手 Alan Shearer 的加盟，Asprilla 在紐卡索聯的角色更加邊緣化，經歷了不值一曬的賽季後，Asprilla 等到了 Shearer 重創以及 Les Ferdinand 被賣走的機會成為紐卡索聯主力前鋒。可是除了在歐冠分組賽大演帽子戲法，成為球隊擊敗巴塞隆納的功臣，其餘時間的表現都不如理想，半個賽季只踢了十場聯賽進了兩球。於是在 1998 年冬天，他終於離開英格蘭重返帕爾馬，不過這時的他再也不是獵豹，半個賽季只踢了四場比賽，沒有進球。

縱然如此，Asprilla 還是哥倫比亞國家隊征戰 1998 年世界盃決賽圈的主力前鋒。遺憾的是 Asprilla 和垂垂老矣的哥倫比亞大軍都沒有什麼亮眼表現。在首戰不敵羅馬尼亞的末段他被換下場後公開表示不滿，而且擅自離隊，往後兩場分組賽都沒有參與，哥倫比亞也在分組賽出局。

也許因為已經名成利就，所以 Faustino Asprilla 的職業球員生涯後半段都沒有太多亮眼的片段，在 1998 年世界盃之後，他在帕爾馬半個賽季都沒有表現後返回南美洲，然後在巴西、墨西哥和哥倫比亞聯賽球隊每隊都踢了不超過一年，

為每支球隊上場少於十五次，最終在三十四歲的時候退役。
退役後的他在家鄉經營農場和各項生意，近年以發展性商品
行業最受關注。他也在 2013 年回到紐卡索聯參與舊隊友
Steve Harper 的退役告別賽，成為一時佳話。

命途多舛的東歐快車

Dumitrescu

　　有些球員技術出眾，看他踢球絕對是賞心樂事，可是因為際遇不佳而無法獲得本來應有的成就，羅馬尼亞翼鋒 Ilie Dumitrescu 就是其中的表表者。

　　Ilie Dumitrescu 系出羅馬尼亞名門球隊布加勒斯特星隊，八歲的時候已是這支東歐豪強球隊的球員。升上成年隊後，他在前輩 Ghoerghe Hagi 和 Marius Lacatus 的指導和帶領下協助球隊打進歐冠決賽，繼而一起代表羅馬尼亞參與 1990 年世界盃決賽圈。在 Hagi 等前輩獲西歐聯賽球隊垂青而離去後，Dumitrescu 成為星隊的核心，也是當 Hagi 等球星無法出戰時的羅馬尼亞國家隊主力。在 1994 年初，他便率領羅馬尼亞國家隊到香港出戰賀歲盃，以卓越的球技打開香港球迷的眼界，也為他在 1994 年世界盃決賽圈的亮眼表現揭開序幕。

　　1994 年世界盃決賽圈上，Dumitrescu 跟 Hagi 和中鋒 Florin Raducioiu 合組黃金進攻鐵三角，先是壓倒瑞士、美國和哥倫比亞成為小組首名，再於十六強賽和沒有馬拉度納的阿根廷合演一場激動心弦的經典賽事，Dumitrescu 在這場比賽光芒四射，在高溫下梅開二度，再助攻給 Hagi 進球，成為球隊以三比二淘汰阿根廷的功臣，令羅馬尼亞首度打進世界盃八強，可惜球隊與瑞典激戰 120 分鐘，最終互射十二碼階段落敗，無緣再進一步。

世界盃的優異表現令 Dumitrescu 得以破羅馬尼亞聯賽轉會費身價加盟托特勒姆熱刺，在 Ossie Ardiles 領隊倡導的進攻足球戰術下，Dumitrescu 和 Juergen Klinsmann、Teddy Sheringham、Darren Anderton 和 Nick Barmby 組成火力強大的進攻五人組，幾乎每場比賽都有很多進球。可是由於另一方面熱刺的防守很差，縱然 Dumitrescu 和 Klinsmann 等人多麼努力都無法挽回，令 Ardiles 失去領隊職務。熱刺在 Trevor Francis 繼任領隊後轉為保守踢法，Dumitrescu 無法適應下表現大不如前，加上被英國小報偽造在妓院嫖妓的醜聞，令 Dumitrescu 在熱刺再也沒有機會，結果一個賽季後便借給塞維利亞。

Dumitrescu 在西班牙的表現尚可，可是熱刺索取塞維利亞無法負擔的轉會費，令 Dumitrescu 只能回到熱刺，他在熱刺也無法展現才華之下轉投西漢姆聯。可惜這時他已經遠離國家隊，1996 年歐洲盃決賽圈也沒有入選大軍名單，所以無法延續工作證之下被迫離開西漢姆聯。他意外地選擇到墨西哥聯賽踢球，回復狀態的他再次重返國家隊，入選 1998 年世界盃決賽圈大軍。不過這時他的位置已經被後輩 Adrian Ilie 搶走，所以在法國舉行的這一屆世界盃決賽圈，Dumitrescu 只在第三場分組賽球隊已經拿到出線席位後獲得上場機會，不過也只是踢了六十八分鐘便退下，這場比賽也成為他的國家隊告別戰。

世界盃結束後，Dumitrescu 回到布加勒斯特星隊，可是這時的他已經無心踢球，不足半個賽季便提出解約，在 29 歲之齡便結束球員生涯，專心經營餐廳。不過他很快便以教練身份重返足壇，在羅馬尼亞、希臘和塞普勒斯多支球隊任教，可惜他的執教能力不怎麼樣，堅持了十年之後還是退下來，現在改任電視節目球評。

球技出色卻敗給名利

Michel Platini

他是法國球王，而且是法國在 1998 年世界盃首次奪冠的推手，更是首名成為歐洲足聯主席的前球員。可是他在球員生涯沒能成為世界冠軍，執教成績也不理想，成為權力階層卻以不名譽的形式下台，他就是 Michel Platini。

Michel Platini 雖然是進攻中場，不過擁有比前鋒更厲害的進球能力，罰球射門和突破對手攻門都是他的強項。Platini 在小球隊南錫出道，踢了七個賽季進了 98 球，平均不需要兩場比賽便進一球。這麼突出的能力自然吸引到國家隊教練團的注意，他也成為法國隊晉級 1978 年世界盃決賽圈的功臣。可是法國在決賽圈抽籤運氣不佳，在分組賽面對義大利、阿根廷和匈牙利，雖然 Platini 射進阿根廷大門，可是法國最終無緣晉級。

Michel Platini 在 1979 年從南錫轉投聖埃蒂安，並率領球隊拿到法甲冠軍。到了 1982 年世界盃決賽圈，Platini 成為隊長和穿上代表球隊核心位置的 10 號球衣，並率領球隊打進四強，面對西德的在這場被視為世界盃史上其中一場最經典的比賽中，他射進了一球，可是最終法國以互射十二碼落敗，最終只獲殿軍。

縱然在世界盃功虧一簣，Platini 還是獲得尤文圖斯的垂青，於是在 1982 年登陸義甲成為聯賽中其中一顆最亮眼的明星，連續三屆成為聯賽射手獎得主。1984 至 85 年是 Platini 球員生涯的巔峰，先是在 1984 年協助尤文圖斯拿到義甲冠

軍，然後協助法國以地主國身份拿到歐洲盃冠軍，並以九球成為射手獎得主。一年後，他協助尤文圖斯在海塞爾球場慘劇的陰影下擊敗利物浦奪得歐冠，再於日本奪得洲際盃，他也連續三年成為歐洲金球獎得主。

本來 1986 年世界盃是 Platini 成為世界冠軍的最佳機會，可是連年征戰令 Platini 在這一屆決賽圈負傷上陣，令他未能在最佳狀態出戰。當然還是有一定的實，他在十六強賽進球協助法國淘汰義大利，再於八強戰攻破巴西大門，而且，也有多次出色的傳送，但法定時間還是與對手戰平，要進行殘酷的十二碼決戰，雖然在這場比賽互射十二碼階段射失，幸好球隊仍然晉級。可惜法國在四強戰再次不敵西德，世界盃奪冠夢想就此破滅。

Platini 在 1987 年賽季完結後結束球員生涯，一年多後便獲法國足協邀請出任法國隊總教練，可是沒能率領球隊踢進 1990 年世界盃決賽圈。後來他率領法國在 1992 年歐洲盃資格賽八戰全勝，淘汰西班牙和捷克斯洛伐克晉級決賽圈，而且錄得法國隊史上最長的連續十九場不敗紀錄。可是到了瑞典踢決賽圈卻是另一回事，法國在首兩戰只能打平瑞典和英格蘭，在最後一場分組賽卻輸給臨時參賽的丹麥而出局，Platini 賽後黯然下台，此後再沒有執教其他球隊，而是從權力階層進發。

Platini 在足球權力機關的冒起像火箭般快，他先是成為 1998 年世界盃主辦籌委會主席，然後在歐洲足聯成為董事會成員，在 2006 年成為歐洲足聯技術及發展組主席，以及法國足協副主席。一年後，他在爭取小國成員國支持下擊敗原任主席 Lennart Johansson，成為史上首名擔任歐洲足聯主席的前球員，在任後推動不少有利於小國的改革，包括歐冠分組賽席位的重新分配。不過到了 2015 年，他和國際足聯主席 Sepp Blatter 等多名足壇權貴被控以貪污，包括在 2022 年世界盃決賽圈主辦權的決定中收受利益，最終因此被判罰不得參與足球活動及職位八年，一代球王就此身敗名裂。

令心婉惜的西班牙金童

Raul

　　如果要數皇家馬德里球會史上的傳奇球星，Raul 一定上榜。這位現年 43 歲的球星曾有西班牙金童及指環王美譽，是足球技術及智慧高超的一流射手。

　　Raul 在 1992 年加盟皇家馬德里青年軍，1994 年在一隊出道，此後效力至 2010 年，一直是球隊靈魂人物。他在皇家馬德里的歲月，贏過 6 次西甲聯賽冠軍、3 次歐聯冠軍、2 次洲際盃冠軍（後改稱俱樂部世界盃），一直是皇家馬德里及西班牙國家隊前線尖刀。

　　只是，Raul 在 2010 年離開效力十六年的皇家馬德里，轉會德甲聯賽球隊沙爾克 04（Schalke 04），效力兩季期間也贏了一次德國盃冠軍。隨著年紀漸大，Raul 後來轉投沙烏地阿拉伯球隊 Al Sadd 及美國球隊 New York Cosmos，2015 年正式掛靴。

　　Raul 踢法聰明、擅長走位加上埋門準繩，被譽為西班牙國家隊歷史上的頂尖射手之一。歷年來，他在西甲攻入 228 球，德甲射入 28 球，射術未有隨年紀生疏。不過，Raul 足球生涯仍有遺憾，就是從未拿過世界盃及歐國盃冠軍，當狂牛軍團在 2008 拿到歐國盃、2010 拿世界盃時，Raul 都不在大軍之中，與國際大賽冠軍擦身而過。

　　退役後，Raul 出任 Real Madrid U15 青年軍教練，現時為 Real Madrid Castilla 教練，外界一直視他為未來 Real Madrid 主帥的熱門人選。也許有朝一日，他會取代 Zidane 成為皇馬傳奇新帥。

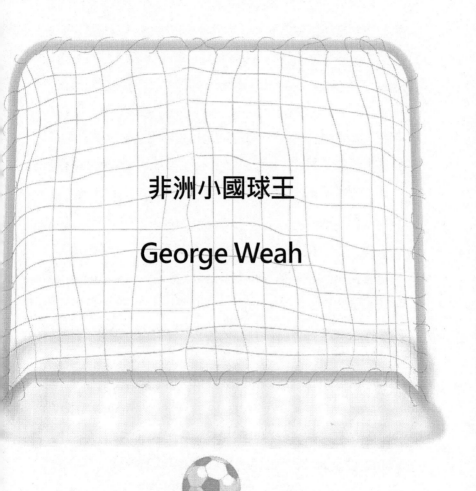

非洲小國球王

George Weah

世界盃是足球世界的最高榮譽，所以就算腳法出眾的球員也可能畢生都沒有參與決賽圈賽事的機會，號稱是非洲史上其中一名最強前鋒的 George Weah 便是表表者。George Weah 沒能參與世界盃決賽圈，是因為他生於足球弱國賴比瑞亞（香港譯名為利比里亞），畢竟足球是團隊運動，隊友水平跟不上也沒法取得好成績。Weah 沒能踢上世界盃決賽圈，連非洲盃決賽圈也只是參與過 2 次，可惜 2 次都在分組賽便出局，所以 Weah 的國際賽成就可說是近乎沒有。

可是縱然如此，George Weah 也是國際足壇公認的準球王級人物。由於球技過於出眾，無論是射球、盤球、頭球、傳送和速度都很厲害，所以在 1988 年便獲後來成為兵工廠傳奇領隊的 Arsene Wenger，從非洲親自前來把他帶到法甲球隊摩納哥，後來也協助巴黎聖日曼贏得法甲冠軍，以及成為 1994–95 年歐冠進球最多的球員。及至 1995 年，George Weah 獲邀加盟 AC 米蘭，取代因傷被迫提早退役的 Marco van Basten，首個賽季便射進 11 球協助球隊重奪義甲錦標，並成為首名贏得世界最佳球員獎項–金球獎的非洲人。後來 Weah 也協助 AC 米蘭在 1998–99 年賽季再贏一次聯賽冠軍。雖然踏進 2000 年，他因為年齡漸長而走下坡，不過加入切爾西後還是協助球隊贏得足總盃。及後 Weah 短暫效力過曼城和馬賽，以及到阿聯踢球，在 2003 年結束球員生涯。

　　退役後的 Weah 並沒有繼續在足球世界發展，反而是從政界入手。他組織政黨參與 2005 年賴比瑞亞總統選舉，可惜落敗。及後在 2011 年再次參選，再次落敗。到了 2014 年，他改為參與上議院議員選舉，終於勝出，並給予他動力再於 2017 年參選總統，這次終於勝選，並於 2018 年 1 月成為相信是全球史上首名擁有職業足球員背景的國家元首。不過有趣的是他的兒子 Tim Weah 也是職業足球員，今年還協助里爾奪得法甲冠軍，可是由於他在美國長大，所以成為了美國國腳。父親是賴比瑞亞總統，兒子卻是美國國腳，放諸在部分國家身上肯定是罪大惡極。

一夫當關

Hierro

西班牙在 2008 年奪得歐洲盃，從而建立往後四年的盛世。在西班牙稱霸世界之前，其實也不乏世界級猛將，可惜他們生不逢時，無法在職業生涯光輝一刻獲取榮譽。曾經是西班牙中場及後防的萬能戰士 Fernando Hierro 便是其中一名遺憾者。

Fernando Hierro 在出道的時候擔任防守中場，除了具備西班牙守將的勇悍，後上射門和直射罰球取分的能力都很強。他參與的首屆國際大賽是 1990 年世界盃決賽圈，不過由於當時只是 22 歲的小伙子，所以沒有上場機會。到了 1994 年世界盃，他已經成為球隊的主力中場球員，還在資格賽關鍵戰進球協助十人應戰的西班牙擊敗歐洲冠軍丹麥晉級，並在決賽圈踢滿 5 場比賽，與西班牙走到八強賽。

Hierro 在 1996 年歐洲盃決賽圈和 1998 年世界盃決賽圈都是西班牙國家隊的核心中場球員，可惜西班牙在這兩屆賽事的成績都不好，他還在 1996 年歐洲盃八強戰互射 12 碼階段射失，導致球隊被英格蘭淘汰。在 1998 年世界盃後，Hierro 更榮升為隊長，由於年齡逐漸老邁，所以開始轉任為中衛，繼續率領西班牙參與 2000 年歐洲盃和 2002 年世界盃決賽圈，可惜兩屆賽事都是八強止步，他也在此後退出國家隊。

相比起國際賽的失意，Hierro 在球會級賽事則是獲獎無數，他從 1989 年起便是皇家馬德里球員，見證球隊復興成

為西甲和歐冠霸主，幾乎贏遍所有球會級的獎項，也算是填補了在國家隊沒法完成的偉業。

Hierro 在退役後並沒有投身教練行列，不過卻在陰差陽錯之下，在 2018 年世界盃決賽圈開賽前 2 天突然從體育總監轉任總教練，率領球隊參與世界盃決賽圈。可惜縱然 Hierro 如何努力，也無法挽回西班牙已經風光不再的事實，在十六強賽互射 12 碼不敵俄羅斯出局後，他也離開西班牙國家隊總教練職位，也沒有重返體育總監崗位，最近三年一直賦閒享受人生。

創新足球偉人

Johan Cruyff

　　貝利和馬拉度納是世上公認的球王，不過對於足球世界的影響來說，荷蘭一代球王克魯伊夫（Johan Cruyff）或許有過之而無不及。Johan Cruyff 以優雅踢法將阿賈克斯的「全能足球」演繹得淋漓盡致，不僅率領球隊三度成為歐洲冠軍，還在國家隊層面上將在 1970 年代以前的國際足壇沒什麼地位的荷蘭，一舉帶到世界盃決賽舞台。在 1974 年世界盃決賽，Cruyff 與隊友一開賽便以傳控把球送進西德隊禁區，開賽 17 秒便為球隊贏得十二碼，荷蘭隊只花了 1 分鐘便領先，可惜荷蘭及後無以為繼，最終只能在 1974 年世界盃屈居亞軍。

　　Cruyff 在 1976 年率領荷蘭參與歐洲盃決賽圈，當時的決賽圈只有 4 支球隊參賽，而且是淘汰賽制形式進行。Cruyff 在 4 強戰面對東道主捷克斯洛伐克表現並不出色，最終球隊也以 1 比 3 敗北。後來他沒有參與當時仍在的季軍戰，雖然荷蘭奪得季軍，不過 Cruyff 在這一屆賽事並沒有給球迷留下什麼深刻印象。

　　到了 1977 年，Cruyff 再一次率領荷蘭打進世界盃決賽圈，可是這時他宣布退出，沒有他的荷蘭隊再次屈居東道主之下成為亞軍。多年後他解釋說是因為效力巴塞隆納時目睹不少綁架案，所以認為生命比足球更重要之下打消前往阿根廷參賽的念頭。後來 Cruyff 到了美國參與大聯盟賽事，在球員生涯結束前返回荷蘭效力阿賈克斯和費耶諾德也協助球隊

奪得聯賽冠軍。在球會賽事幾乎贏盡一切的 Cruyff，始終在國際賽沒有拿過錦標，因此令他在部分球迷的心目中，地位始終不如貝利和馬拉度納。

說 Cruyff 是影響足球世界深遠的原因，是他的精彩執教生涯。他先在母會阿賈克斯小試牛刀，率領球隊奪得歐洲盃賽冠軍盃，繼而在 1988 年成為巴塞隆納總教練，率領球隊完成聯賽四連霸，而且奪得歐洲冠軍球會盃、歐洲盃賽冠軍盃和歐洲超級盃，建立所謂的「夢幻隊」，成為球員生涯成功，教練生涯更成功的典範。

Cruyff 將荷蘭的「全能足球」推而上之，發展出巴塞隆納、荷蘭國家隊和西班牙國家隊在國際足壇揚威的 Tiki–Taka 踢法，當年「夢幻隊」旗下球員包括 Josep Guardiola、Ronald Koeman 和 Michael Laudrup 等人在退役後轉任教練，都明言是以 Cruyff 為師，在 Cruyff 過世後，巴塞隆納也將 B 隊主場更改為以他為名。荷蘭足壇更把他奉於至高無上的地位，不僅阿賈克斯把主場以他命名，連超級盃和最佳年青球員獎等多項與足球有關的設施都以他為命名。所以雖然 Cruyff 沒有拿過世界盃，也無損他在國際足壇的崇高地位。

無法在國際舞台獻技的北歐球王

Litmanen

芬蘭在今年的歐洲盃決賽圈終於首次登上國際大賽舞台，對於芬蘭而言雖然是晚了一點，不過也算是大突破。為什麼這樣說，因為相信是芬蘭足球史上最厲害的足球員 Jari Litmanen 很遺憾的沒有像後輩一樣的福份。

Litmanen 在 1987 年開始職業球員生涯，5 年後便獲阿賈克斯賞識把他羅致於旗下。由於他來自當年被認為是足球弱國的芬蘭，所以加盟初期也只能在預備隊上場，總教練 Louis van Gaal 甚至不認為他具備可以立足的條件。不過後來在球隊的體能教練勸告之下，加上當時剛冒起的 Dennis Bergkamp 準備轉會，令 Litmanen 終於獲得受重用的機會，而且是繼承 Bergkamp 留下的 10 號球衣和進攻中場位置。Litmanen 也沒有辜負球隊的信任，在 1993–94 年賽季踢了 30 場聯賽便射進 26 球，協助球隊贏得荷甲冠軍，他也成為荷蘭足球先生。在 1994–95 年賽季，雖然 Litmanen 的聯賽進球數少了 9 球，卻成為率領阿賈克斯奪得歐冠的功臣，並在 1995 年末的洲際盃協助球隊成為冠軍，在同年的歐洲金球獎投票排第 3 名。

可是隨著博斯曼條例令阿賈克斯球員被歐洲列強瓜分，阿賈克斯不但再也無法擁有競爭力，連稱霸荷甲也變得不再容易，Litmanen 雖然繼續留隊也無法扭轉。到了 1999 年夏天，Litmanen 終於在 van Gaal 的招手之下離開阿賈克斯轉投巴塞隆納，這時他已經 29 歲。可是他似乎跟不少荷蘭球員

一樣踏入提早老退的命運，加上當年的巴塞隆納隊內氣氛很差，所以 Litmanen 在巴塞隆納無法交出預期的表現。後來就算他效力利物浦和重返阿賈克斯，也已經不再是當年那個在球場上可以呼風喚雨的北歐球王。不過他的職業球員生涯還是延續得蠻久的，在 40 歲的時候才在老家高掛球鞋。

跟球會賽事的成就相比，Litmanen 在國際賽生涯的成績就差很遠了。Litmanen 在 1989 年便首次代表芬蘭國家隊出賽，可惜當時球隊並沒有太多隊友在歐洲主流聯賽球隊效力，整體實力不怎麼樣之下，始終無法打進世界盃和歐洲盃決賽圈，連在青年球員級別的世青盃、奧運和歐青賽的決賽圈也無法參與。不過 Litmanen 始終沒有放棄過為國家出征，在 40 歲的時候還為國家隊征戰，結果他為芬蘭踢了 137 場比賽，進了 32 球，至今還是該國上場和進球數最多的球員，因此芬蘭首席球星之名絕對是實至名歸。

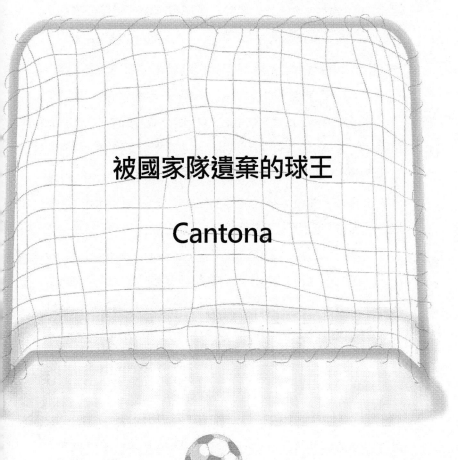

被國家隊遺棄的球王

Cantona

曼聯傳奇球星 Eric Cantona 是紅魔在 1990 年代建立英超王朝的領軍人物，在英格蘭足壇地位超然，可是在祖家法國和國際賽生涯卻是另一回事。

Cantona 生性孤傲卻擁有足以受萬人敬仰的球技，所以在 21 歲的時候便入選法國隊，不過一年之後因為一次落選而公開批評當時的總教練 Henri Michel，導致他被永久排除於國家隊之外。當然 Henri Michel 在率領法國隊進軍 1990 年世界盃決賽圈失敗後便丟了工作，由法國球王 Michel Platini 接任。Platini 上任的第一件事便是重召 Cantona，於是法國便擊敗西班牙和捷克斯洛伐克取得 1992 年歐洲盃決賽圈資格。可是縱然當年法國擁有 Cantona 和 Jean Pierre Papin 這道黃金鋒線組合，在瑞典卻諸事不順，只能打和瑞典和英格蘭，而且輸給候補入圍的丹麥而出局。那時候應該沒人會想到這是 Cantona 唯一一次參與國際大賽決賽圈。

兵敗瑞典之後，Cantona 和 Papin 等球星在 Gerard Houllier 的領導下爭取打進 1994 年世界盃決賽圈，在資格賽最後一場只要在主場打和保加利亞便可到美國參賽，可是竟然在最後關頭輸了，法國連續兩屆世界盃決賽圈缺席了。Houllier 烏紗不保，被評為罪人的 David Ginola 和 Papin 都沒有再獲徵召，相反 Cantona 卻被新任總教練 Aime Jacquet 委以重任，以隊長身份率領法國征戰 1996 年歐洲盃資格賽。

可是 Cantona 在 1995 年 1 月沉不住氣，以功夫腿飛踢水晶宮球迷，令他被國際足聯停賽 9 個月，成為他的職業生涯分水嶺。縱然他能夠復出並協助曼聯重奪英超錦標，可是國家隊卻已經沒有了他的位置，因為 Zinedine Zidane 已經冒起，而且 Jacquet「貪新忘舊」，趁機將法國隊年輕化，所以 Cantona 就算在曼聯踢得多麼出色，也不斷被法國隊拒諸門外。另一方面，Cantona 在協助曼聯挑戰歐冠錦標數次皆不果後，在 1997 年夏天突然在意興闌珊之下宣布退役，當時他只有 31 歲。1 年後，法國便以東道主身份首次舉起世界盃獎座，法國人已忘記了他，相反只有英格蘭人才對他表示尊敬。

Cantona 退役後的生活相當多姿多采，先是轉戰沙灘足球，以教練兼球員身份代表法國隊出戰逾 10 年。同時也成為多部電影和電視劇演員。當然就算他在足壇的成就遠低於擁有的才幹，時至今天還是不少球迷心目中的球王。

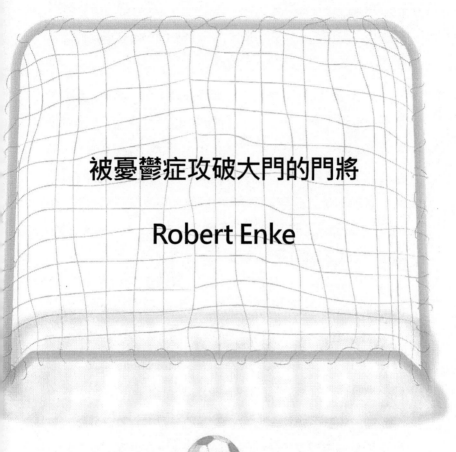

被憂鬱症攻破大門的門將

Robert Enke

　　有「轟炸機」之稱的 Gerd Mueller 日前不幸離世，由於他早已經頤養天年，所以按中華文化傳統而言屬於「笑喪」。可是在十多年前，德國足壇卻有 Robert Enke 在盛年時自殺身亡，成為世界足壇的一大遺憾。

　　Robert Enke 的職業生涯開局非常順利，跟他的悲劇結局形成很大反差。他在 17 歲的時候便獲得在德乙上場的機會，20 歲還沒有到便成為門興的首選門將，也因此獲得入選國家隊參與 1999 年洲際國家盃的機會，雖然他只是沒有上陣的替補門將，不過也是難得的經驗。可是在洲際盃後，他做了一個相當錯誤的決定，便是應名帥 Jupp Heynckes 的邀請加盟葡萄牙豪門球隊本菲卡。Enke 在本菲卡表現不錯，而且獲委任為隊長，可是因為效力葡萄牙球隊而失去入選國家隊的機會，而且當時球隊內部管理問題很多導致成績不濟。後來他轉投巴塞隆納，可是那時的巴薩的管理也很混亂，成績也相當不濟。結果他只踢了 1 場比賽便被外借到土耳其和西乙球隊特內里費，可是狀態找不回來，也沒有上場機會。

　　白白浪費了兩年光陰後，Robert Enke 終於決定返回德國，加盟當時還是保級球隊的漢諾威。他在漢諾威終於重拾應有的水平，甚至獲同行認為是德甲最佳門將，在 2006 年世界盃後開始成為國家隊常規成員，並隨軍出戰 2008 年歐洲盃決賽圈。當 Jens Lehmann 在 2008 年歐洲盃後退出，Robert Enke 終於成為國家隊首席門將，協助德國打進 2010

年世界盃決賽圈。眼看著 2010 年世界盃決賽圈將是他首個登上國際大舞台的機會，可是就在 2009 年 11 月 10 日的晚上，德國警方發布消息指出，在鐵路軌上發現 Enke 的屍體，而且在發現屍體的位置附近發現他的遺書，確定是自殺身亡，終年只有 32 歲。

Robert Enke 為何在事業準備迎來最高峰的時候結束生命這個謎團，在他身故後陸續揭曉。他的遺孀表示原來早於 2003 年的時候，他已經開始患上憂鬱症，那時是他在巴薩失意的時候。到了 2006 年當他的女兒 Lara 因心臟病離世後，情況更是一發不可收拾，只是他一直在他人面前掩飾自己患病的事，令外界不知道原來他早已一步一步地踏上絕路。而他在 2009 年 10 月因傷避戰國家隊比賽，原來也只是掩飾憂鬱症發作的藉口。無論如何，相比於其他失意球員只是在職業生涯無法取得與能力相稱的成就，Robert Enke 不敵憂鬱症而失去生命是更加令人惋惜。

機會失掉一次，就永不再回來

Rene Adler

　　俗語說「機會難得」，有些機會確實只會在人生出現一次而已，如果不幸沒能把握，可能永遠再沒有看到第二次機會來臨。Rene Adler 在 Robert Enke 自殺身亡之後成為德國隊首席門將，可是因為一次傷患，令他永遠失去了這個難得的機會。

　　不過請大家不要誤會，Rene Adler 並非因為 Enke 的不幸才撿到現成，而是他本身擁有競爭的條件才獲得因意外而出現的機會，其實是一個機會留給有準備的人的例子。Rene Adler 也是天才守門員，在勒沃庫森青年隊成長，之後獲提拔上主力隊之後，等了三個賽季之後終於獲得上場機會，他也好好把握這機會，在 21 歲的時候便成為球隊首席門將，並於 23 歲的時候成為德國在歐洲盃決賽圈獲得亞軍的成員，雖然他只是排行第三的門將。在歐洲盃後，他「升格」成為國家隊二號門將，在 Enke 缺席及離世後更無縫交接成為首席門將，無論是在球會比賽的表現還是國家隊順位都比另一名同期的年青門將 Manuel Neuer 更高。

　　可是有些機會似乎註定了不是你的就不是你的，正當他準備以德國隊首席門將身份參與 2010 年世界盃決賽圈的時候，肩膀受傷卻找上了他，令他無法參與世界盃決賽圈賽事。結果 Neuer 成為德國隊首席門將，而且在南非擁有非常出色的表現，奠定了他的國家隊首席門將地位，直到如今。相反 Adler 縱然在 2010–11 年賽季復出，而且在勒沃庫森的表現

不錯，在 2011–12 年賽季卻突然被新加入的 Bernd Leno 搶走位置，不僅無法重返國家隊，連在球會也沒了位置。於是他唯有選擇離開效力了十二年的勒沃庫森，轉投沒落豪門球隊漢堡。他在漢堡回復昔日水平，也獲得重返國家隊的機會，可是已經沒法從 Neuer 手中奪回首席門將位置。

而且更加可惜的是，Adler 的狀態隨著漢堡在德甲每況愈下而一起下沉，所以他很快就再沒有出現在國家隊的名單。在漢堡踢了五年之後，Adler 決定離開轉投梅因茲，可是狀態已經找不回了，在新球隊也無法確保正選位置，結果在 2019 年夏天便宣布退役，那時他只有 34 歲。相反只比 Adler 小一歲的 Neuer 直到今天還是德國隊和拜仁慕尼黑的隊長和首席門將，令人慨嘆人生奈何。

他不斷進球，卻因為低調被忽視

Morientes

曾被稱為「金童」的皇家馬德里傳奇球星 Raul 在職業生涯跟不少明星前鋒搭檔，不過如果要數最合拍的一人，相信 Fernando Morientes 是不少球迷心目中的唯一答案。

Fernando Morientes 形象粗獷，踢法也不華麗，不過能夠取得很多進球，以及為隊友製造機會。所以縱然出身寒門，在職業生涯初期只是效力保級球隊薩拉戈薩，也能夠在一個西甲賽季射進 15 球，從而獲得皇家馬德里的賞識。Morientes 在 1997 年夏天加盟皇馬，最初只是球隊的前鋒第四選擇，不過很快便以表現贏取教練團的歡心，壓倒 Predrag Mijatovic 和 Davor Suker 兩名星級前鋒成為 Raul 的搭檔，並協助球隊拿到 1997–98 年賽季歐冠錦標。優異的表現令他獲得參與 1998 年世界盃決賽圈的機會，並於大勝保加利亞一戰射進兩球，可是無法協助西班牙在 1998 年世界盃決賽圈晉級。

Morientes 此後跟 Raul 在皇馬和西班牙國家隊都是鐵打不二的前鋒搭檔，在 1998–99 年賽季更取得職業生涯最高的 19 個進球，及後亦協助皇馬奪得兩次歐冠和兩次西甲冠軍。不過他意外地落選 2000 年歐洲盃決賽圈大名單，在 2002 年世界盃決賽圈他再次成為主力，並在對巴拉圭的分組賽梅開二度，以及對愛爾蘭的十六強賽取得進球，協助西班牙打進八強。Morientes 在八強賽對韓國曾經把皮球射進網窩，

不過隊友傳中前皮球已經出界所以被判無效，結果西班牙在互射十二碼球落敗出局。

到了 2003 年夏天，皇家馬德里羅致貝克漢，進一步推行「銀河艦隊」方針，令「星味」稍為不足的 Morientes 排除在球隊未來計劃外，令 Morientes 無奈離開，以借用身份加盟摩納哥。Morientes 在摩納哥繼續展現全能前鋒本領，在歐冠率領摩納哥晉級，更在八強賽倒戈射破皇馬大門，協助球隊史上首次打進決賽。可惜摩納哥在決賽不敵初出道的 Jose Mourinho 領軍的波圖，Morientes 無緣第四次舉起歐冠獎盃。

「知錯」的皇家馬德里在 2004 年夏天把 Morientes 留在隊中，可是他也只能偶爾獲得替補上場機會。在浪費了半個賽季光陰後，Morientes 在 2005 年一月正式離開皇馬轉投利物浦。利物浦在該賽季獲得歐冠，不過由於 Morientes 已經在分組賽階段替皇馬上場，當時的規則還是同一名球員不能在同一賽季的歐洲賽事為兩支球隊上場，所以 Morientes 沒能分享紅軍奪冠的榮耀。到了 2005–06 年賽季，Morientes 的年齡漸長，加上一直沒能適應英超的踢法，所以他在整個賽季都沒能獲得主力位置，也因此落選 2006 年世界盃決賽圈大軍名單。

2006 年夏天，Morientes 回到西班牙效力瓦倫西亞，他在這個賽季回復勇態，也獲得重返國家隊的機會，可是不久

後便再度受傷，加上後輩 Fernando Torres 已經成為西班牙國家隊的唯一主力前鋒，連舊搭檔 Raul 也已經被棄用，所以 Morientes 在 2007 年後也再沒有入選國家隊，錯失西班牙國家隊展開輝煌一頁的時刻。Morientes 在 2009 年夏天再度征戰法甲，可惜他的狀態已經大不如前，所以在馬賽也沒有太多上陣機會，賽季結束後便退役。

Morientes 退役後曾經回到皇馬擔任青年軍教練，並於退役五年後以三十八歲之齡加入一支在馬德里區業餘聯賽征戰的球隊 DAV Santa Ana，為這支球隊踢了三場比賽。及後他也成為西乙球隊富恩拉夫拉達的總教練，不過因為球隊成績不濟，所以只執教了八個月便被辭退，自此也沒有再執教其他球隊。

Robbie Fowler

　　利物浦史上有不少知名前鋒，Robbie Fowler 是其中一名至今仍然備受「紅軍」球迷尊崇的名宿，縱使他沒有為球隊贏下最重要的錦標。

　　Fowler 在 18 歲的時候首次為利物浦成年隊上場，首戰便取得進球，而且在聯賽盃對富勒姆的賽事獨取 5 球，在第 5 場成年隊賽事便大演帽子戲法，踢了 13 場賽事便進了 12 球，在 1993–94 年出道賽季取得 18 個進球，成為利物浦在該賽季的次席射手，只比另一名傳奇射手 Ian Rush 少 1 球，因此他很快便成為利物浦球迷的寵兒。

　　Robbie Fowler 在出道的第 2 個賽季取得更多成就，他在該賽季踢滿每一場比賽，協助球隊拿到聯賽盃，也在對兵工廠的比賽只花了 4 分鐘 33 秒便完成帽子戲法，這項英超最快完成帽子戲法紀錄在二十年後才被 Sadio Mane 打破。在 1994–95 年賽季開始，Fowler 連續 3 個賽季在各項賽事都累計 30 個或以上進球，也因此獲得「上帝」的稱號。這樣的表現自然為他帶來入選英格蘭代表隊的機會，也入選了 1996 年歐洲盃決賽圈大軍。可是由於前輩 Alan Shearer 正值黃金期，所以他沒有太多表演機會，只有 2 次替補上場，沒有進球。

　　到了 1997–98 年賽季，傷患終於找到了 Fowler，他因為膝部受傷養傷半年，也因此造就了師弟 Michael Owen 的崛起，甚至立即取代了他的位置，包括本來屬於他的 1998 年

世界盃決賽圈英格蘭大軍席位。傷患復出後，Fowler 縱然回到主力前鋒位置，與 Owen 成為前鋒組合，可是以往的射手本能已經無法復原，光芒也完全被 Owen 遮蓋，而且後來也因為以吸毒動作慶祝進球，以及言語侮辱前國家隊隊友 Graeme Le Saux，令他與利物浦會方的關係開始變得緊張。在英格蘭隊層面上，Fowler 不僅無法搶走 Shearer 的席位，還因為 Owen 的出色表現令他徹底淪為替補球員，縱使 2000 年歐洲盃決賽圈入選了大名單，可是他完全沒有上場機會，英格蘭也因為表現不佳而在小組賽便出局。

經過歐洲盃的失意後，Robbie Fowler 在利物浦迎來最成功的賽季，他在各項賽事取得 17 個進球，並在歐洲足聯盃、英格蘭足總盃和英格蘭聯賽盃 3 項賽事的決賽都上場，協助球隊贏得這 3 項冠軍，成為利物浦在英超時代初期最成功的賽季。可是在這個賽季之後，Fowler 便因為淪為替補前鋒，所以在賽季中期便決定離開利物浦轉投里茲聯，這次轉會也成為他職業生涯走下坡的轉振點。他在里茲聯也無法確保主力前鋒位置，狀態也不復舊觀，縱使入選了 2002 年世界盃大軍並繼承了 9 號球衣，也只是在對丹麥的十六強賽下半場上場。這場比賽也成為他在英格蘭隊的最後一戰，在國際賽上場 26 次只進 7 球。

在 2002–03 年賽季，Fowler 因為受傷而缺席了大部分比賽，里茲聯也因為嚴重財務危機賣走了大部分主力，最終

導致降級。Fowler 也因此轉投了曼城，不過踢了 3.5 個賽季也只在英超進了 21 球。於是他在 2006 年 1 月意外地重返利物浦，雖然已經不復當年勇，在 1.5 個賽季只取得 12 個進球，利物浦球迷仍然對他愛護有加。後來他在卡地夫城、布萊克本流浪，甚至轉戰澳洲和泰國聯賽都不成功，球員生涯就此黯然結束。Fowler 後來轉任教練，不過無論在澳洲、泰國還是在印度執教都沒有成功。

死於戰場的勇士

Marc–Vivien Foe

丹麥中場 Christian Eriksen 在 2021 歐洲盃賽事期間突然昏倒令舉世震驚，幸好他最終能夠活過來。對於不少看球日子較久的球迷來說，看到這一幕或許會想起前喀麥隆國腳 Marc-Vivien Foe，不幸的是這名中場鐵漢在場上倒下之後最終沒有醒過來。

Marc-Vivien Foe 在 1994 年世界盃決賽圈首次代表喀麥隆參與大賽，當年只有 18 歲的他是球隊為數不多的亮點，他以相當突出的中場攔截和傳送能力吸引不少歐洲球隊的關注。在世界盃後，他離開喀麥隆加盟法甲球隊朗斯，並協助球隊在 1997-98 年賽季奪得法甲冠軍，並引來曼聯的垂青。正當他準備加入歐洲豪門球隊，以及和喀麥隆在 1998 年世界盃決賽圈幹一番作為之際，卻在賽前訓練受傷，並因此無奈退隊。不僅無緣參與世界盃決賽圈，加入曼聯的機會也隨之失去。

半年之後，Foe 還是加入英超球隊，不過不是曼聯而是西漢姆聯，並成為當年西漢姆聯最高轉會費紀錄保持者。不過他只在西漢姆聯踢了 1 年半便返回法國加入里昂，協助里昂開創稱霸法甲的王朝。Foe 在 2002 年世界盃決賽圈再次代表喀麥隆出戰，可惜跟 1994 年一屆一樣，球隊在分組賽便出局。世界盃結束後，Foe 再次加入英超球隊，這次是曼城，他也立即成為球隊的核心球員，在 2002-03 年賽季上場 35 次射進 9 球。

　　Foe 以良好狀態代表喀麥隆參與 2003 年洲際國家盃，協助球隊在分組賽出線。在四強戰 Foe 如常擔任正選球員，在前東家里昂的主場對哥倫比亞，可是到了 72 分鐘的時候，Foe 在場上中圈位置沒有與對手發生任何碰撞突然倒下，電視直播的鏡頭下拍到臥在草地上的 Foe 雙眼反白，在搶救一段時間後被送上救護車。可是在比賽結束後不久，當地醫院便證實 Foe 已經死亡，終年 28 歲。喀麥隆縱然晉級決賽，隊友們也奮力為 Foe 而戰，可是仍然以 0 比 1 不敵法國只能屈居亞軍。Foe 逝世後，曼城也宣布將他在 2002–03 年賽季穿著的 23 號球衣退役，至少也沒有曼城球員穿過 23 號球衣上場。

港灣上的赤色巨塔

Skuhravy

捷克足球史上曾經出現過不少偉大前鋒，不過如果要數最具影響力的一員，高大的 Tomas Skuhravy 肯定是必須提及的名字。

Tomas Skuhravy 由於擁有 193 公分身高，所以是所屬球隊的頭球專家，同時能夠以高大身型牽制對手，為隊友製造射門機會。他在 1990 年世界盃決賽圈隨捷克斯洛伐克參賽，在對美國的分組賽梅開二度，協助球隊以 5 比 1 大勝，取得小組次名出線資格。在十六強，Tomas Skuhravy 以他的高大身型令哥斯大黎加的守衛舉手投降，他在這場比賽大演帽子戲法，協助球隊以 4 比 1 大勝晉級八強。雖然捷克斯洛伐克在八強不敵西德出局，Skuhravy 也以 5 個進球成為賽事次席射手，僅以 1 球之差不敵 Salvatore Schillaci 無緣獲得金靴獎。

1990 年世界盃決賽圈的卓越表現為 Skuhravy 獲得當年有「小型世界盃」稱號的義甲球隊熱那亞垂青，結果在世界盃後直接留在義大利發展球員生涯。他在義甲賽事繼續發揮空中霸王威力，而且和靈巧的烏拉圭前鋒 Carlos Aguilera 組成令對手聞風喪膽的進攻組合，在首個義甲賽事二人各自射進 15 球，成為熱那亞獲得聯賽殿軍的功臣。到了 1991–92 年賽季，雖然熱那亞淪為保級球隊，Skuhravy 仍然能夠取得 11 個聯賽進球，而且在歐洲足聯盃擊敗西班牙球隊皇家奧維多和羅馬尼亞球隊布加勒斯特星隊合共取得 3 個進球，協助

熱那亞打進四強賽。不過此後 Skuhravy 的狀態不斷下滑，
每個賽季的進球數都是逐年減少，在 1994–95 年賽季更只有
5 個進球，結果熱那亞保級失敗降落乙級聯賽。

在國家隊征途上，Skuhravy 在 1990 年世界盃決賽圈後
不復神勇，在 1992 年歐洲盃資格賽他竟然沒有進球，結果
捷克斯洛伐克屈居在法國之下成為小組次名出局。在 1994 年
世界盃資格賽，他只在以 3 比 0 擊敗塞普勒斯的比賽中取得
錦上添花的進球。在最後一場必須作客擊敗比利時才可晉級
的比賽中，他沒有進球，結果分裂後仍然要走在一起參賽的
捷克斯洛伐克屈居在羅馬尼亞和比利時之後，無緣參與決賽
圈。捷克獨立成國的初期，Skuhravy 仍然是陣中的重要一員，
而且還在對荷蘭和挪威的 1996 年歐洲盃資格賽進球，協助
球隊打進決賽圈。可是他在 1995 年已經飽受傷患困擾，熱
那亞降級後轉投葡萄牙體育會也只是踢了四場比賽，在 1995
年便再沒有入選國家隊，就此錯失與 Pavel Nedved 等黃金
一代創造傳奇的機會。1996 年末，當時年僅 31 歲的
Skuhravy 無奈因傷退役，結束了短暫精彩的球員生涯。

喜歡浪跡天涯的神鋒

Vieri

踏進二十一世紀，中鋒在足球運動的角色變化非常大，光是進球不會做其他事的中鋒頓成絕種動物。不過在這個世代交替之際，還是有人能夠光靠進球成為所有球隊都希望擁有的球員，他就是 Christian Vieri。

Christian Vieri 出身在足球世家，父親也曾經是一代義甲名將，弟弟後來也成為職業足球員。由於父親在職業生涯末期到澳洲踢球，所以 Vieri 在澳洲長大，也因此練得一身強壯身材。Vieri 長大後回到義大利展開職業足球員生涯，在亞特蘭大擁有優異演出後，Vieri 獲得尤文圖斯垂青，加盟後一個賽季便在義甲和歐冠進了十四球，成為尤文圖斯的主力射手。於是他獲得馬德里競技的邀請加盟，成為那個時代的逆流。

義大利球員在那個時代若然離開仍然有「小世界盃」之稱的義甲，幾乎可說是與國家隊絕緣。不過 Christian Vieri 竟然在馬德里競技以二十四個進球獲得金靴獎，令義大利國家隊也無法忽略他，結果他成為義大利出戰 1998 年世界盃決賽圈的主力前鋒，在當屆賽事進了五球，成為賽事次席射手。在世界盃的成功，令當時希望大展拳腳的拉齊歐斥巨資羅致他，於是 Vieri 衣錦榮歸，協助球隊奪得最後一屆歐洲盃賽冠軍盃。

可是 Christian Vieri 在不少球迷心目中始終無法奠定為球王級球星，因為他實在太過不安本位，他的職業生涯幾乎

是每年換一支球隊，職業生涯合共踢了十三支球隊，而且有些轉會是他自己明言是因為看在金錢份上才決定，也令他在球迷心目中的形象打了折扣。Vieri 在職業生涯中逗留得最久的是國際米蘭，協助拉齊歐奪得歐洲賽錦標後，他以當時世界紀錄的 4,900 萬歐元轉會費加盟藍黑軍團。Vieri 在當年稱為「球星墳墓」的國際米蘭竟然待了六個賽季，而且每一個賽季都交出可觀的進球成績表，可是就是跟冠軍無緣，在 2002 年世界盃決賽圈雖然射進四球，也無法率領球隊打進八強賽，而且，在被韓國淘汰一役，更門前失機，間接斷送了義大利的前途。

Vieri 在國際米蘭時代後期開始受傷患困擾，令他開始減少了進球能力。另一方面，他也多次批評球隊把 Ronaldo 和 Hernan Crespo 等前鋒搭檔送走，於是在 Roberto Mancini 擔任總教練的時候開始不受重用，結果在 2005 年離開，並從此脫離頂級前鋒行列。後來他轉到 AC 米蘭和摩納哥等球隊踢球也無法回復當年勇，在 2006 年 3 月更因為膝部受傷而無緣入選 2006 年世界盃決賽圈大軍名單，導致他失落了和國家隊奪得世界盃的機會，他也至此與國家隊絕緣。Vieri 在職業生涯末段兩度回歸成名地亞特蘭大，不過因為傷患只能獲得很少上場機會，結果在 36 歲的時候退役，退役後往電視圈發展。

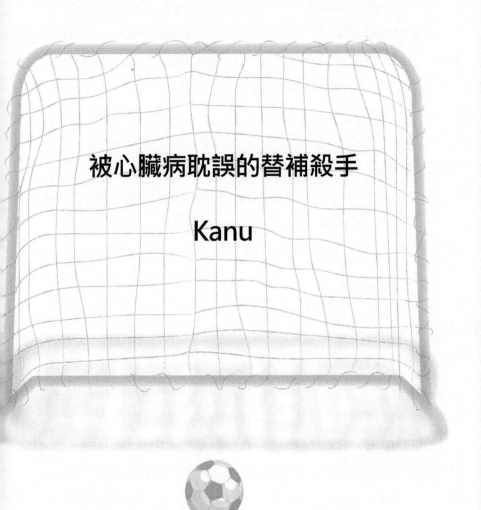

被心臟病耽誤的替補殺手

Kanu

　　近期在體壇出現不少運動員和教練發現心臟病，導致被迫退役甚至猝死，奈及利亞傳奇球星 Nwankwo Kanu 在盛年之時卻發現心臟病，結果他戰勝了疾病，如果沒有疾病的話，或許他的成就會更高。

　　Nwankwo Kanu 在 1993 年代表奈及利亞參與 U17 世界盃，以五個進球成為球隊的次席射手，協助國家取得冠軍，也因此獲得阿賈克斯的垂青。Kanu 雖然不是阿賈克斯的主力前鋒，不過也在有限的空間發揮潛質，協助球隊奪得歐冠錦標。到了 1996 年夏天，他代表奈及利亞參與奧運男足項目，在四強賽的時候連進兩球，成為奈及利亞爆冷反勝巴西的功臣，最終奈及利亞取得史上首面奧運足球項目金牌。

　　在奧運會和阿賈克斯的出色表現，令 Kanu 獲得國際米蘭邀請加盟，不過當他參與入隊的體檢時，卻發現原來是隱性心臟病患，更被醫生斷定無法再延續球員生涯。Kanu 沒有放棄，在接受手術後休息了一年，在 1997–98 年賽季才復出。不過由於需要觀察病情，以及當時隊內競爭太大，所以他在往後的兩個賽季只為國際米蘭上場 17 次，射進 1 球。而且縱然代表奈及利亞參與 1998 年世界盃決賽圈，不過也沒有外界預期的亮眼表現，奈及利亞也在 16 強賽大敗於丹麥腳下出局。

　　兵工廠領隊 Arsene Wenger 可說是 Kanu 的職業生涯救命恩人，在 Kanu 無法回復昔日勇態而且沒有機會上場的

時候，Wenger 決定對他投下信任一票，在 1999 年冬天把他帶到兵工廠。雖然他只能成為 Thierry Henry 的替補，而且進球數不多，在英超踢了十二個賽季當中只有兩個賽季的聯賽取得雙位數，不過他以優秀的腳法和護球技術協助球隊贏球，並成為兵工廠在 2003–04 年賽季以賽季不敗成績奪得英超冠軍的重要人物。

　　不過在不敗奪冠賽季後，Nwankwo Kanu 就被兵工廠放棄，後來效力西布朗和樸茨茅斯也有相當表現，還協助樸茨茅斯在 2008 年奪得足總盃冠軍。在國家隊層面上，Kanu 還參加了 2002 和 2010 年世界盃決賽圈，雖然在世界盃和非洲盃決賽圈都沒進過球，奈及利亞也在 2002 和 2010 年世界盃決賽圈分組賽便出局，他曾經是國家隊上場次數最多的球員。在 2012 年退役後，Kanu 還經常參與元老賽，以行動證明給當初斷定他的職業生涯會因為心臟病終結的醫生看，自己早已戰勝疾病。

紳士殺手

Lineker

　　每當提起 Gary Lineker，總是有三件事跟他相伴，那就是他是進球機器、世界盃金靴獎得主以及從沒拿過黃牌。

　　身材不算高大的 Gary Lineker 卻擁有非常全面的進球能力，無論是頭球還是左右兩腳的射門都相當出色，他的進球能力在出道時的萊斯特城便顯露無遺，在 1982–83 年賽季他射進二十六球，協助球隊奪得英格蘭乙級聯賽季軍，得以升上當時是最頂級的英格蘭甲級聯賽，他也成為聯賽金靴獎得主。升上英格蘭甲級聯賽後，Lineker 完全沒有適應問題，他在兩個賽季合共射進四十六球，在 1984–85 年賽季更獲得金靴獎。這麼優秀的球員當然不可能留在當時只是小球隊的萊斯特城，於是冠軍球隊埃弗頓把他收為己用，他在 1985–86 年賽季合共射進三十八球，其中三十球是在聯賽取得，也令他成功衛冕金靴獎，可是球隊在聯賽和足總盃都屈居在宿敵利物浦之後僅獲亞軍。

　　Gary Lineker 的持續發亮為他帶來英格蘭國家隊的徵召，並成為 1986 年世界盃決賽圈的英格蘭首選前鋒。英格蘭在這一屆賽事首兩仗表現不濟，兩場比賽只得一和一負而且沒有進球，第三場分組賽必須擊敗波蘭才可以晉級。這是 Lineker 終於找回在英格蘭聯賽的狀態，只花了三十四分鐘便連中三元，成為世界盃決賽圈史上最快完成帽子戲法的球員，並協助英格蘭以三比零贏球晉級。到了十六強，Lineker 再度發威獨取兩球，成為英格蘭以三比零大勝巴拉圭的功臣。可

惜 Lineker 的英格蘭在八強戰遇上擁有馬拉度納的阿根廷，「馬哥」以一手一腳令英格蘭處於下風，Lineker 及後雖然為英格蘭追回一球，可是英格蘭仍然落敗出局，最後時刻的一個頭球，還是錯失了追平機會。若非馬哥的出現，Lineker 也許是這一屆賽事最耀眼的球員，他也以六個進球成為至今唯一奪得世界盃金靴獎的英格蘭球員。

世界盃的成功加上英格蘭教練 Terry Venables 的穿針引線，令 Lineker 在世界盃後獲得加盟巴塞隆納的機會。他在英格蘭以外的世界繼續證明自己的厲害，在首兩個賽季為球隊射進四十一球，包括以帽子戲法協助球隊擊敗皇家馬德里，協助巴塞隆納在 1988–89 年賽季奪得歐洲優勝者盃。可是 Lineker 在 1988 年歐洲盃決賽圈表現不佳，英格蘭在沒有他的進球之下三場分組賽都輸球慘淡出局，及後巴塞隆納改任 Johan Cruyff 為總教練，Lineker 被安排為右中場後無法發揮威力，也逐漸淡出 Cruyff 的計劃外。所以他在 1989 年夏天決定結束西班牙之旅，返回英格蘭加盟托特勒姆熱刺。

回到熟悉的英格蘭賽場和前鋒位置，Gary Lineker 立即找回進球觸角，在 1989–90 年賽季射進二十四個進球，第三度成為英格蘭甲級聯賽金靴獎得主，也是至今唯一在英格蘭頂級聯賽效力三支球隊都拿到金靴獎的球員。也許是開始步入而立之年，所以縱使在聯賽有很好的狀態，Lineker 在 1990 年世界盃決賽圈的個人表現還算不錯，英格蘭在分組賽和淘

汰賽初段的表現也遜於預期，他在分組賽只進一球，英格蘭也在打平愛爾蘭和荷蘭以及險勝埃及後幸運地拿到小組首名，然後在十六強也是在幾乎進入互射十二碼階段前才取得進球險勝比利時。到了八強戰，英格蘭遇上當屆的黑馬喀麥隆，Lineker 以十二碼球為英格蘭追平，然後在加時階段再以十二碼進球協助英格蘭打進四強。Lineker 在四強戰再有進球，協助英格蘭逼和西德，可惜英格蘭互射十二碼落敗，最終只獲得殿軍。

經過 90 世界盃，射進四球和協助英格蘭奪得殿軍後，Lineker 在 1990–91 年賽季表現也只屬不過不失，「只有」十五個聯賽進球，不過在足總盃四強梅開二度協助球隊擊敗兵工廠，繼而在決賽贏球奪冠。到了 1991–92 年賽季，Lineker 雖然獨取二十八個聯賽進球，可是只能協助球隊保級成功，他也以一球之差不敵 Ian Wright 失落金靴獎。已經年屆三十二歲的他決定離開熱刺，在 1993 年加入新成立的日本職業聯賽。在此之前代表英格蘭參與 1992 年歐洲盃決賽圈，可是英格蘭在傷兵滿營以及主帥 Graham Taylor 的無能領導下表現不濟，Lineker 只要多進一球便可與 Bobby Charlton 比肩成為當時英格蘭史上進球最多的球員，可是 Lineker 就是拿不下這個進球，在最後一場分組賽更意外地被換下去，英格蘭最終落敗出局，Lineker 也就此告別國際賽，「只差一球」成為永遠的遺憾。

　　離開英格蘭後，Lineker 飽受傷患困擾，雖然高調加盟名古屋八鯨，可是根本無法好好比賽，一年半時間中只踢了十八場聯賽進了四球，到了 1994 年夏天，他終於決定提早解約並結束球員生涯。退役的 Lineker 成為英格蘭知名電視球評，二十多年來都是英格蘭球評界的標誌人物，甚至是官方機構英國廣播公司最高薪的僱員，所以他只是換了位置，四十多年來從來沒有離開過球迷的視線。

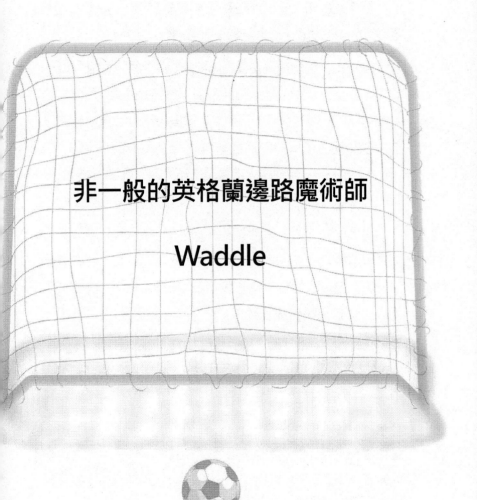

非一般的英格蘭邊路魔術師

Waddle

在 1980 年代看過英格蘭足球的球迷當中，幾乎沒有人不對 Chris Waddle 的秀麗腳法而著迷。

Waddle 這個詞彙在英語詞典記載的意思是又胖又矮小的人搖擺著走，Chris Waddle 不但不是笨拙的人，反而是健步如飛，只要有球在他腳下便足以改變戰局。Waddle 在紐卡索聯和托特勒姆熱刺的進球數不及 Peter Beardsley 和 Gary Lineker，不過他的光芒並沒有被掩蓋，也因此獲得英格蘭國家隊委以重任。

可惜他在 1986 年世界盃決賽圈，他本來是正選翼鋒，可是首兩場賽事英格蘭表現不濟沒有贏球，Waddle 在第三場分組賽便沒了位置，到了八強戰落後於阿根廷之時才被換上來，可惜還是沒能扭轉敗局。兩年後的歐洲盃決賽圈，Waddle 本來也是首選翼鋒，可是英格蘭在首場比賽竟然不敵愛爾蘭，Waddle 之後再次失去位置，英格蘭也三戰全敗出局。

到了 1990 年世界盃決賽圈，Waddle 終於保住正選席位，從分組賽到四強戰都是正選，而且終於展現出球迷預期的水平，整體發揮非常出色，在中場與 Paul Gascoigne 互相輝映，即使在四強戰面對西德，也為對手帶來不少威脅，在加時階段更幾乎進球，可是皮球中柱無緣為英格蘭反先。這場四強戰需要以互射十二碼階段決勝，他被安排成為第五名

主射的球員，在他必須進球才有望爭勝的時候，Waddle 卻把皮球踢到外太空，令英格蘭翻身無望。

Chris Waddle 在球會級別比賽的表現比起國家隊時期亮眼很多，尤其是效力馬賽期間絕對是個人生涯高峰。他在 1989 年從熱刺轉投馬賽，連續三屆協助球隊奪得法甲冠軍，縱然是來自傳統上亦敵亦友的英國，他的表現令高傲的法國人也折服，更冠以「魔術師」之名，在 1998 年馬賽慶祝百年時舉行的投票選舉中，他在「馬賽本世紀最佳球員選舉」中只僅次於傳奇球星 Jean Pierre Papin 排列第 2 位。

Waddle 在 1991 年協助馬賽打進歐冠決賽，可惜沒能擊敗對手，互射十二碼球更不敵貝爾格萊德紅星無緣稱霸歐洲。他在 1992 年選擇回歸英格蘭加盟謝菲爾德星期三，協助球隊打進聯賽盃和足總盃決賽，可惜都落敗，不過他仍然獲選為英格蘭足球先生。後來他為多支英格蘭球隊上場，直到 42 歲才正式結束球員生涯。在退役十二年後，五十三歲的他受邀復出，為謝菲爾區球隊 Hallam FC 參與四十歲以上聯賽，雖然只是上陣一次，仍然是一時佳話。

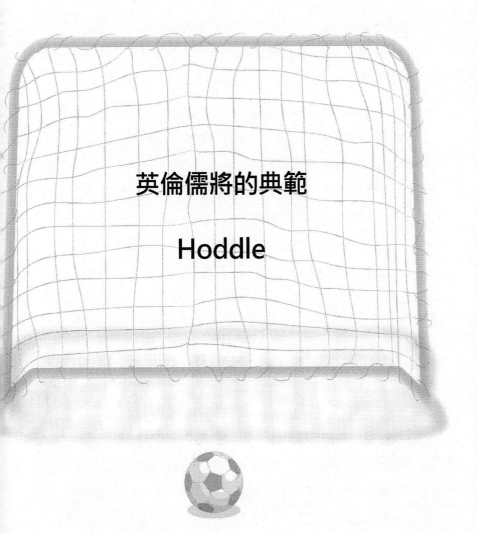

英倫儒將的典範

Hoddle

英格蘭足球以往給予外界粗枝大葉的形象，跟歐陸的技術流比較的話，球風看起來是直接卻沒有驚喜。所以球風儒雅的 Glenn Hoddle 在 1980 年代的英格蘭足壇是相當異類的球員。

Glenn Hoddle 以超卓的大局觀和創造進攻機會的能力獨步英格蘭足壇，令他在年僅十九歲的時候便成為托特勒姆熱刺的核心成員，以及獲得英格蘭國家隊的徵召。他在 22 歲的時候首次代表英格蘭出戰歐洲盃決賽圈，在擊敗西班牙的分組賽擔任正選中場球員。兩年後的西班牙世界盃決賽圈，Hoddle 在對捷克斯洛伐克和科威特的賽事獲得上場機會。到了 1986 年世界盃決賽圈，Hoddle 終於成為英格蘭的主力球員，他在分組賽到八強賽的五場比賽都擔任右中場，踢滿每一分鐘的比賽，可惜的是他沒有取得進球，英格蘭也在八強不敵阿根廷出局。

由於英格蘭球會在 1985 年後遭禁止參與歐洲賽事，所以為了尋求新挑戰，Hoddle 在 1987 年夏天轉投法國球隊摩納哥，首年已協助球隊在事隔六年後重奪法甲冠軍，他當選成為最佳外援球員，並獲得入選英格蘭出戰 1988 年歐洲盃決賽圈的大名單。這次他擔任正中場位置，不過英格蘭在這一屆賽事表現不濟，三場比賽皆負之下出局，其中對荷蘭一戰，他的一個精彩自由球，卻打中門柱，未能為英格蘭取得領先。而在這屆賽事結束後也退出國家隊。

專心球會賽事的 Hoddle 在 1988-89 年賽季協助摩納哥打進歐洲盃八強，不過因為傷患問題，他在 1989-90 年賽季幾乎沒有上場，終於在 1990 年末離隊重返英格蘭。

這時 Hoddle 已經開始為退役後的生涯打算，所以意外地轉投在英乙保級的斯溫登，原因是他在這支小球隊擔任球員兼領隊。雖說擁有領隊名銜，他卻是球隊的主力球員，不僅協助球隊保級成功，下一賽季更參與了四十五場聯賽，協助球隊升上超級聯賽。

他的領導才幹開始受英格蘭足壇肯定，所以切爾西邀請他加入，畢竟切爾西是英超的強隊，所以 Hoddle 這支倫敦中部球隊減少上場次數，愈來愈專心在領隊工作上。在 1994-95 年賽季結束後，Hoddle 正式退役並成為全職領隊，及後率領 Ruud Gullit 和 Mark Hughes 等球星馳騁英超。

雖然沒能率領切爾西奪得錦標，不過年輕有才幹的形象說服了英格蘭足協欽點 Hoddle 加入英格蘭國家隊教練團，並於 1996 年歐洲盃決賽圈結束後接任領隊。Hoddle 率領英格蘭打進 1998 年世界盃決賽圈，挺住壓力將 Paul Gascoigne 和 Stuart Pearce 等僅有的經驗戰將排除在大名單，重用貝克漢、Paul Scholes 和 Michael Owen 等新一輩球員，率領球隊打進十六強賽，在貝克漢魯莽被逐後十人應戰下力保不敗，僅以互射十二碼不敵阿根廷出局。

Hoddle 本來可以在英格蘭國家隊成長為傳奇領隊，可是 1999 年的時候卻公開表示跟殘疾人士相關的不當言論，此事令他被逼下台，由 Kevin Keegan 臨時接任英格蘭領隊，結果英格蘭在 2000 年歐洲盃決賽圈表現不濟下分組賽出局。

Hoddle 及後復出執教南安普頓、熱刺和狼隊，可是都找不回在英格蘭國家隊時的風采。或許是 Hoddle 的執教上限就是如此，又或許是他對執教工作意興闌珊，所以在 2006 年被狼隊辭退後便沒有再執教球隊，反而是開設以自己為名的足球學校。多年來都有球隊想找他復出，不過他都以足球學校還沒上軌道為由而婉拒。或許當校長比擔任職業球隊領隊更寫意吧。

被酒精毀掉的球王

George Best

曼聯在後弗格森年代一直無法回復王者地位，令曼聯球迷更想念弗爵爺領軍的年代，更老一輩的球迷也許會想念1960 年代的輝煌，尤其提到 George Best 就更令人感到惋惜。

George Best 獲國際足壇認為是無緣參與世界盃決賽圈的球員當中最出眾的其中一名球員，身材不算高大的他在球員時代司職翼鋒，據說無論是射術、盤球技術、傳球技術和速度都是頂級水準的球員，沒看過他踢球的球迷，或許可以將他代入於巔峰期的 C 羅那樣吧。

他在北愛爾蘭首府貝爾法斯特被曼聯球探相中，當他一到達曼聯訓練場之後，當時的領隊 Matt Busby 便驚為天人說他是天才。結果這名天才很快便成為曼聯的核心，第二個賽季便協助球隊奪得聯賽冠軍，當時他只有 19 歲。兩年後，George Best 與 Bobby Charlton 和 Denis Law 組成進攻三劍客，為曼聯再奪聯賽冠軍。在 1967-68 年歐冠賽事，Best 在四強戰首回合射進唯一進球，協助曼聯擊敗皇家馬德里，次回合曼聯打和皇馬，得以打進決賽。曼聯在決賽跟本菲卡踢完九十分鐘仍然打平，Best 在加時開賽兩分鐘便進球為曼聯再度領先，及後 Brian Kidd 和 Bobby Charlton 各進一球，令曼聯以四比一大捷，首次成為歐洲冠軍。在同一賽季，George Best 也以 28 個進球獲得英甲聯賽金靴獎。

可惜這已經是 Best 的巔峰，隨著 Bobby Charlton 等球員的老去，曼聯在歐冠封王後迅速下滑，從爭冠份子淪為保級球隊。Best 也開始染上酗酒惡習而影響表現，結果曼聯在1973-74 年賽季終於要降級，當時只有 28 歲的 Best 在整個賽季只踢了十二場比賽，射進兩球。酗酒不僅影響 Best 的比賽狀態，還令他聲名狼藉，甚至因此數度捲入偷竊醜聞。在曼聯降級後，他選擇為了金錢到當時足球水平差很多的南非、愛爾蘭和美國職業聯賽踢球，也沒有什麼出色表現，在 1984年正式退役。

Best 雖然球技出眾，不過光輝歲月很短暫，而且在他的狀態最好的時候，他代表的北愛爾蘭代表隊卻沒有太多優秀隊友可以幫助他，自然也難以獲得成績，也導致他自己以玩樂心態為北愛爾蘭出戰。後來北愛爾蘭獲得 1982 年世界盃決賽圈參賽資格，當時的領隊曾想過徵召 Best 出戰，可是當時的 Best 已經年屆 35 歲，離開了代表隊五年，加上狀態早已大不如前，所以沒有給他這個唯一的機會。

Best 在退役後一直陷入酗酒問題，甚至因此導致他在2000 年需要進行肝臟移植手術。可是他的問題太嚴重，到了2005 年終於因為酗酒導致腎衰竭而去世，終年五十九歲。

機會被搶走了的

Gianluca Vialli

他本來是腰纏萬貫的地方巨富，卻選擇成為職業足球員，還不斷進球成為冠軍級射手，而且成為國腳，可是在國家隊沒能把握機會發揮真正實力，當球技發展成熟之時卻無法為國效力，令他在足壇的地位沒有達到跟才幹相稱的高度，他就是光頭殺手 Gianluca Vialli。

Gianluca Vialli 是義大利中北部城市克雷莫納的知名巨富的兒子，愛好踢球的他在家鄉球隊克雷莫納出道，依靠的是進球的天賦，並非雄厚的家庭背景。他的才幹很快便獲得希望打破義甲三強壟斷的桑普多利亞垂青，於是在這支熱那亞市球隊跟 Roberto Mancini 組成最強鋒線組合，而且因此獲選代表國家隊上場。他在 22 歲的時候便入選義大利參與 1986 年世界盃決賽圈大軍，雖然義大利在十六強便出局，Vialli 在四場比賽都能夠以替補身份上場。兩年後的歐洲盃決賽圈，Vialli 在對西班牙的分組賽進球，協助球隊打進四強，雖然不敵蘇聯出局，Vialli 仍然以優異表現獲得歐洲足聯選進賽事最佳十一人陣容中。

到了 1990 年世界盃決賽圈，義大利以地主國身份出戰，Gianluca Vialli 經歷兩屆大賽洗禮後漸趨成熟，因此獲委任為主力前鋒。可是 Vialli 就在國民面前沒能發揮水平，首戰對奧地利雖然以助攻協助義大利取勝，可是表現不如理想。到了第 2 場分組賽對美國，他竟然射失了十二碼，雖然義大利在這場比賽還是贏球，不過 Vialli 已經耗盡教練團的耐心，所

以第 3 場對捷克斯洛伐克的分組賽，他被撤出大軍名單，結果代替他的 Roberto Baggio 和 Salvatore Schillaci 表現出色，令 Vialli 失去主力位置，直到四強才回歸正選陣容，而且助攻給 Schillaci 破門。可是義大利最終還是輸給阿根廷，無緣在自家門口拿冠軍。

由於 Schillaci 在世界盃後「打回原形」，Gianluca Vialli 在 1992 年歐洲盃資格賽再次回復主力身份，期間還協助桑普多利亞拿到義甲冠軍。可是義大利在歐洲盃資格賽發揮不佳，最終無緣晉級決賽圈，令建立 AC 米蘭王朝的 Arrigo Sacchi 走馬上任成為義大利國家隊總教練。由於 Vialli 跟 Sacchi 不咬弦，所以在 1993 年起便沒有入選國家隊，這時他只有 29 歲。

Vialli 在 1992 年轉投尤文圖斯，跟 Roberto Baggio 和 Fabrizio Ravanelli 組成進攻鐵三角，成為尤文圖斯接續 AC 米蘭王朝沒落後雄霸義甲和歐洲的基石，Vialli 在尤文圖斯贏了歐冠和義甲，表現備受肯定，可是 Sacchi 從來沒想過把他帶進國家隊，寧願起用平庸的 Daniele Massaro 和在國家隊一直沒甚佳作的 Pierluigi Casiraghi，結果 1994 年世界盃依靠 Baggio 一己之力打進決賽，而 1996 年歐洲盃則在分組賽出局。

為尤文圖斯贏了歐冠後，Vialli 登陸英倫效力切爾西，及後取代 Ruud Gullit 成為球員兼任領隊，在 34 歲的時候便退

役成為全職領隊。可是他的執教能力跟踢球能力相差太遠，雖然率領切爾西奪得歐洲超級盃和歐洲優勝者盃，表現卻平平無奇，後來轉任沃特福特領隊更是盡顯他完全沒有執教才能的現實。幸好他知所進退，在沃特福特執教不成功後便退出教練生涯，改任電視評論員。數年前他患上癌症，幸好經過接近兩年治療後康復，並因為好友 Mancini 邀請而進入義大利國家隊擔任教練團成員，在義大利奪得 2020 年歐洲盃上居功不少。

不敵轟炸機的美國隊長

Donovan

　　美國早已擺脫足球沙漠之名，部分球星更是世界知名，有「美國隊長」之稱的 Landon Donovan 更是美國足球的代名詞，可是當他遇上德國轟炸機也有失意的時候。

　　Landon Donovan 年少時已經是美國足協的重點培訓球員，在六歲第一次參與比賽時已經射進七球，在 1999 年代表美國參與 U17 世界盃決賽圈，以三個進球協助美國獲得史上最佳的殿軍成績，他也榮獲代表賽事最佳球員的金球獎。優異的表現令 Donovan 還沒成為職業球員便獲得德甲球隊勒沃庫森垂青，他先代表預備隊在地區聯賽上場，二十八場比賽取得九球，可是因為他沒法適應德國的生活，所以過得很不開心，在 2001 年以借用身份回流美國加入聖何塞地震，並成為球隊的主力，也從此成為美國國家隊的主力前鋒，先是在 2002 年初協助美國奪得中北美洲金盃賽，繼而到東亞參與世界盃決賽圈。

　　在 2002 年世界盃決賽圈，年僅二十一歲的 Landon Donovan 繼續有出色的表現，先在首戰對名將如雲的葡萄牙作出助攻，協助美國爆冷贏球。然後他在對波蘭的分組賽和十六強戰進球破宿敵墨西哥大門，協助球隊打進八強，最後僅以一球不敵德國出局，他也成為這一屆賽事的最佳年青球員獎得主。在往後的十二年歲月，Donovan 就是美國足球的代表，他是美職聯其中一名最出色和知名的本土球員，也是國家隊的首席前鋒，在 2008 年更打破美國國家隊史上進球

最多球員紀錄，並於 2009 年的洲際國家盃以隊長身份率領美國擊敗西班牙打進決賽，雖然最終不敵巴西卻有進球，這屆賽事表現得非常出色，並一共獲得了兩個進球。

Donovan 不甘於只成為北美的「山寨王」，所以數度以借用身份再戰歐洲足壇，他先是獲得拜仁慕尼黑招徠，可是半個賽季後便打道回府，後來兩度外借到埃弗頓，或許是語言相通令他更容易適應，他在英超的表現比德甲好很多，更曾經當選每月最佳球員。埃弗頓也希望正式擁有他，可是母會洛杉磯銀河不允而縮短了他在歐洲踢球的日子。

在 2013 年中北美洲金盃賽，Donovan 完成了在美國隊的第五十次助攻，成為史上首名國際賽進球和助攻都達五十次的美國國腳，而且獲得個人第四次金盃賽冠軍，他也獲選為賽事最佳球員。在 2014 年，雖然 Donovan 已經 32 歲，不過在美職聯仍然有相當威脅，也入選了世界盃決賽圈的初選名單。可是就在決選名單公布後，全球球迷都感到吃驚，因為 Donovan 竟然在沒受傷的情況下落選，球員時代有「金色轟炸機」稱號的時任國家隊總教練 Juergen Klinsmann 解釋說有其他球員比他更值得入選，所以對這個他認為是一生中最困難的決定感到難過。從結果論來說，Donovan 缺席下的美國隊仍然在決賽圈分組賽淘汰葡萄牙晉級，在十六強加時賽才輸給風華正茂的比利時出局，Klinsmann 好像是對的，

不過 Donovan 因此失去第四度參與世界盃決賽圈的機會實在相當遺憾。

　　失落世界盃後，Donovan 也對球員生涯感到意興闌珊，踢完了 2014 年美職賽季後便選擇退役，美國足協雖然在同年 10 月特地為他舉行告別賽，可是也解不開他和 Klinsmann 之間的恩怨。後來他在 2016 和 2018 年兩度復出，第一次是再次加盟洛杉磯銀河，第二次則轉戰墨西哥聯賽，可是畢竟歲月催人，他已經不是進球如拾草芥的少年，所以很短暫便離開再次退役。現在他已經真正高掛球鞋，擔任自己有份擁有的室內足球隊聖地牙哥忠誠隊的總教練，繼續享受足球帶來的樂趣。

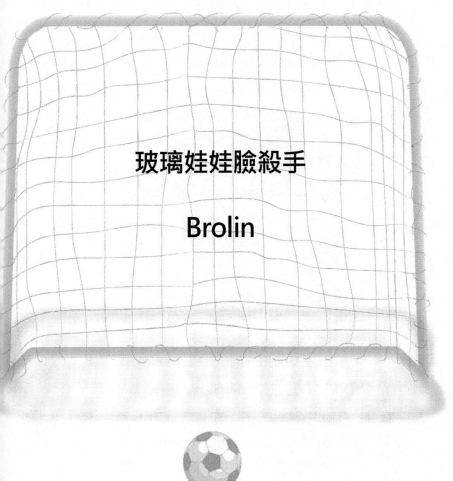

玻璃娃娃臉殺手

Brolin

傷患是運動員最大的敵人，無論運動技能多麼厲害，只要傷患來到便要俯首稱臣，擁有「娃娃臉殺手」稱號的 Tomas Brolin 便是毀於傷患的流星。

擁有出色射門觸覺和火箭一般速度的 Tomas Brolin，在 20 歲的時候加入瑞典超級聯賽球隊北雪平，首場比賽便大演帽子戲法，協助球隊以 6 比 0 大破當時的國內強豪球隊哥德堡，從而引起國家隊總教練 Olle Nordin 的注意，立即把他徵召進國家隊，首兩場國際賽便射進 4 球協助瑞典贏球。於是 Brolin 很快便成為瑞典隊征戰世界盃決賽圈的主力前鋒，雖然瑞典在義大利賽場表現令人失望，在小組賽 3 戰皆敗北出局，不過 Brolin 在對巴西一戰射進漂亮進球，從而引起剛升上義甲的帕爾馬決定羅致他，Brolin 後來也成為協助帕爾馬奪得歐洲盃賽冠軍盃和歐洲足聯盃的功臣，他也在 1990 年成為瑞典足球先生。

瑞典於 1992 年主辦歐洲盃決賽圈，Brolin 也繼續成為球隊的主力前鋒，這次他獲得非洲裔前鋒 Martin Dahlin 協助，在這對「黑白配」前鋒組合出色的表現之下，瑞典得以淘汰英格蘭和法國打進四強，Brolin 也在這一屆賽事 4 場比賽進了 3 球，與另外 3 名球員並列為賽事金靴獎得主。Brolin 的好日子延續到 1994 年世界盃，他與 Dahlin 的黑白配在美國的炎熱天氣下仍然能發揮殺退列強的威力，他在這一屆世

界盃決賽圈射進 3 球，協助瑞典成為季軍，是自 1958 年世界盃以來的最佳成績，及後他也再次成為瑞典足球先生。

可是 1994 年世界盃之後，Brolin 在綠茵場的運氣似乎完全耗盡，隨之而來的是嚴重傷病。他在 1996 年歐洲盃資格賽第 3 場賽事雖然射破匈牙利大門，及後卻遭遇斷腳，令他休息了半年才復出。可是傷癒後的 Brolin 再也找不回以往的狀態，速度和射門觸覺全部消失得無影無蹤，身形卻愈來愈脹大。就算之後轉戰英超也是無法交出令人滿意的成績表，在瑞典沒能晉級 1996 年歐洲盃決賽圈後，Brolin 也再沒有獲得國家隊徵召。最終 Brolin 在 1998 年 4 月宣布退役，當年他只有 28 歲，而且退役前的最後一場比賽竟然是在瑞典第三級聯賽球隊 Hudiksvalls A.B.K.擔任守門員，令人感到相當可惜和唏噓。

不屈格子統領

Zvonimir Boban

要在國際足壇成為冠軍，除了必須自身擁有冠絕天下的
球技，也需要有同樣出色的隊友，此外也必須具備運氣和穩
定的出場機會，缺一不可。被克羅埃西亞人視為民族英雄的
Zvonimir Boban，便因為不同的原因與多次大賽擦身而過，
沒能在職業生涯最高峰的時候登上世界之巔。

Zvonimir Boban 在南斯拉夫陷入動盪之時展開職業球
員生涯，年僅 16 歲便在聯賽上場，19 歲便成為薩格勒布迪
納摩的隊長。憑著出色的傳球、盤球和遠射技術，他成為南
斯拉夫青年軍的核心成員，協助南斯拉夫奪得 1987 年世青
盃冠軍。本來他將會在 21 歲的時候參與 1990 年世界盃決賽
圈，可是就在決賽圈開賽前 1 個月，他隨迪納摩作客貝爾格
萊德紅星隊，由於當時克羅埃西亞族與塞爾維亞族的關係很
差，所以這場代表兩個民族的比賽演變成衝突，Boban 為了
保護在看台上被塞族警察追打的克族球迷，於是衝上看台向
塞族警察還擊。事件令 Boban 被南斯拉夫足協禁賽，無緣參
與 1990 年世界盃決賽圈。

克羅埃西亞在 1990 年世界盃後不久便脫離南斯拉夫獨
立，愛國心強的 Boban 自然選擇代表克國參賽。可是由於克
羅埃西亞在 1992 年 7 月才獲准加入國際足聯，令 Boban 無
緣參與 1992 年歐洲盃和 1994 年世界盃資格賽。另一方面，
他在 1991 年離開爆發內戰的祖國加盟 AC 米蘭，及後成為
「紅黑軍團」稱霸歐洲的成員。相反在國際賽層面，縱然

Boban 在克羅埃西亞有 Davor Suker、Robert Prosinecki 和
Robert Jarni 等 1987 年世青盃冠軍隊隊友一起南征北討，
也因為國家的政治形勢使然，在 1996 年歐洲盃才終於獲得
大賽決賽圈上場的機會，這時他已經 27 歲。雖然在英格蘭主
辦的這一屆歐洲盃上，Boban 取得進球協助球隊以 3 比 0 大
破上屆冠軍丹麥，可是在八強戰面對老練的德國仍然敗陣出
局。

到了 1998 年世界盃，克羅埃西亞再次突圍而出打進決
賽圈，小組賽對手是阿根廷、日本和牙買加，結果他們在毫
無懸念下與阿根廷一起晉級淘汰賽。當時還是沒有多少人看
好克羅埃西亞能夠走得很遠，他們在八強戰再次面對德國。
不過這次 Boban 率領的克羅埃西亞將老態龍鐘的德國徹底
擊潰，以 3 比 0 報仇成功。雖然在四強戰不敵東道主法國，
克羅埃西亞仍然在季軍戰擊敗荷蘭，首次參賽便成為世界盃
季軍，Boban 和隊友們再次成為英雄。

可是 Boban 在克羅埃西亞的光輝時刻太短暫，在世界盃
季軍的光環之下，克羅埃西亞出戰 2000 年歐洲盃資格賽卻
處處碰壁，在首戰便作客不敵沒有參與 1998 年世界盃決賽
圈的愛爾蘭，及後更作客打和實力較弱的馬其頓。克羅埃西
亞在資格賽竟然與宿敵南斯拉夫同組，卻在兩次交手都無法
擊敗對方。結果克羅埃西亞只能以小組第 3 名完成賽事，連
附加賽都沒能參與之下出局。Boban 也因為長年征戰帶來的

傷患影響表現，在克羅埃西亞無緣晉身 2000 年歐洲盃決賽圈後便退出國家隊，兩年後更結束球員生涯，當時只有 33 歲。

風之子

Caniggia

　　阿根廷歷史上有不少厲害的前鋒，其中一名最令人留下深刻印象的是「風之子」Claudio Caniggia。他的外號源於在球場上擁有如風一般難以捕捉的速度，而且經常能將這優點轉化為進球，加上擁有飄逸的金色長髮，所以他的球風相當悅目。可是他偏偏生於「球王」馬拉度納開始走下坡的時候，令他始終與錦標擦身而過。

　　Caniggia 在 1987 年便代表阿根廷參與美洲盃，不過真正令他成名的是 1990 年世界盃決賽圈。他幾乎是當年老態龍鍾的阿根廷唯一亮點，在揭幕戰便經常以速度玩弄喀麥隆守衛，令對手後衛 Benjamin Massing 被罰紅牌離場。到了十六強戰面對宿敵巴西，阿根廷在全場受壓之際，就是由 Caniggia 接應「小馬哥」的妙傳後，以速度盤扭過對手門將 Claudio Taffarel 射進全場唯一進球，以 1 比 0 淘汰巴西出局。後來 Caniggia 在四強戰以頭球為阿根廷追平，也結束了義大利門將 Walter Zenga 的不失球紀錄，成為阿根廷連續 2 屆世界盃晉級決賽的功臣。可是由於他在四強戰獲得第 2 面黃牌，令他在決賽不能上陣，最後阿根廷在沒有 Caniggia 之下，只能以 0 比 1 輸給西德，無緣衛冕。

　　阿根廷在 1990 年世界盃後改朝換代，「小馬哥」也開始淡出，令 Caniggia 成為阿根廷領軍人物，他也率領球隊奪得 1991 年美洲盃冠軍和 1992 年法赫特國王盃(洲際國家盃前身)冠軍。不過他跟好朋友「小馬哥」一樣染上不良嗜好令狀

態急速下滑，所以一度遠離國家隊。到了 1993 年在阿根廷於世界盃資格賽陷入出局危機時，他和「小馬哥」及時復出才驚險地把阿根廷帶進決賽圈。在 1994 年世界盃決賽圈，他、小馬哥和後輩 Gabriel Batistuta 合組強大的進攻鐵三角，並在對奈及利亞的賽事梅開二度。可是「小馬哥」因服用禁藥停賽令阿根廷頓失重心，結果阿根廷在十六強被羅馬尼亞淘汰。

阿根廷在 Daniel Passarella 接任總教練後鐵腕治軍政策，包括不許球員留有長髮，令 Caniggia 相當不滿，因此令他無緣參與 1998 年世界盃決賽圈。雖然當時他的狀態已經不復當年，可是在千禧年代轉戰蘇格蘭超級聯賽後重拾昔日的威風，所以在 2002 年獲重召進入世界盃決賽圈大軍。由於當年他已經 35 歲，而且球隊有不少前鋒，所以他沒有上場機會。不過他在對瑞典一戰因為在替補席與裁判爭執，成為世界盃決賽圈史上沒有上過場卻被罰下的球員。結果在阿根廷出局後，Caniggia 也再沒有為阿根廷上場。

Caniggia 在失落於日韓世界盃賽場後 2 年便結束球員生涯，不過他在 2012 年獲贊助商邀請，與 Edgar Davids 等退役球星代表溫布利隊參與英格蘭足總盃賽事，當時已經 45 歲的風之子還在資格賽取得進球。可惜溫布利隊沒能打進第一圈賽事，Caniggia 也不再於職業足球賽場亮相。可是風之子確實有他的獨特魅力，兩年前他決定與結縭多年的前妻離

婚，原因是當時已經 52 歲的他要跟只有 26 歲的模特兒結婚，成為一時佳話。

義式製造的比利時強人

Scifo

　　比利時近年一躍成為世界頂級強隊，2018 年更獲得世界盃季軍，是該國足球史上第二個高峰。比利時足球的第一個高峰在 1980 年代出現，擁有「小貝利」稱號的 Enzo Scifo 就是當年的其中一名代表人物。

　　Enzo Scifo 的雙親是義大利人，移居比利時擔任礦務工人後才誕下 Enzo Scifo，所以血統上他是義大利人。不過他的出生、成長和足球發展道路都在比利時渡過，所以當他成名後便代表比利時上場，年僅 18 歲便在 1984 年歐洲盃決賽圈上場，打破歐洲盃決賽圈最年輕的上場球員紀錄。這名腳法出眾，盤球、傳球、射門和控制比賽節奏都相當出色的進攻中場球員，在 1986 年世界盃決賽圈已經是球隊的進攻核心，在十六強戰取得進球協助球隊淘汰蘇聯，成為比利時歷史性打進四強賽的功臣，他也成為賽事的最佳年青球員獎得主。此後 Scifo 在 1990、1994 和 1998 年的世界盃決賽圈都有上場，成為 14 名參與過四屆男足世界盃決賽圈的球員之一。可惜比利時在 1990 年代無以為繼，在 1990 和 1994 年都只能在十六強賽出局，在 1998 年一屆更無法晉級淘汰賽階段，踢完 1998 年世界盃之後，Scifo 便從國家隊退下來。

　　Scifo 雖然擁有超卓的球技，不過足球道路並非一帆風順，在球會級別的比賽也遇過低潮。他在 1987 年獲得祖國強隊國際米蘭邀請加盟，可是沒能踢出應有水平之下，一個賽季便轉投法甲球隊波爾多，不過表現也是沒有達到預期。

後來他轉戰另一支法甲球隊歐塞爾才重獲新生，得以獲得都靈的邀請，成為球隊 1992 年打進歐洲足聯盃決賽，以及獲得 1992-93 年賽季義大利盃冠軍的功臣。他在 1993 年回到法甲加盟摩納哥，四年後與 Thierry Henry 等將來成為世界級球星的新秀奪得法甲冠軍。之後他返回比利時踢球，在 2001 年正式退役。

Scifo 退役後轉任教練工作，可惜他也是執教能力跟踢球能力差太多的例子，無論是執教比利時聯賽球隊或是比利時 21 歲以下代表隊，也無法交出令人滿意的成績。所以 2016 年離開比利時 21 歲以下代表隊總教練的職位後，便再沒有執教。

把守蘇聯大門的神貓

Dasayev

　　俄羅斯雖然貴為世界版土最廣闊的國家，可是自從在蘇聯解體後「復國」的三十年來，在足球世界的成績完全無法跟蘇聯時代相比。或許俄羅斯老球迷在今年夏天歐洲盃看到國家隊窩囊的表現，也更想起他們的歷史上曾經擁有一名連球王貝利和世界媒體都稱為史上其中一名最佳門將的人，他便是有「神貓」之稱的 Rinat Dasayev。

　　Rinat Dasayev 開始踢球的時候本來是進攻中場球員，可是由於母隊需要守門員，所以客串一下，豈料成為世界頂級門將的第一步。他在家鄉球隊踢了兩年後便加入「人民球隊」莫斯科斯巴達，很快便以靈活的身手和高超的救球技巧成為國家隊的主力，在 1980 年協助「業餘」的蘇聯以地主國身份獲得奧運足球銅牌。後來他在 1982 年和 1986 年世界盃決賽圈都擔任蘇聯的首席門將，協助球隊從小組賽突圍而出。由於他的表現出色，加上蘇聯在 1980 年代中期由主張改革的戈巴契夫執政，Dasayev 在 1985 年獲准前往美國參與由聯合國舉辦的義賽，對當時還在冷戰時期來說是不可思議。

　　到了 1988 年歐洲盃決賽圈，Dasayev 以隊長身份率領蘇聯出戰，而且在四強戰保持不失，令蘇聯以 2 比 0 擊敗義大利晉級決賽。可惜在決賽的時候被傳奇前鋒 Marco van Basten 從死角射破大門，最終蘇聯不敵荷蘭失落冠軍，也是 Dasayev 在國際賽最接近錦標的時候。歐洲盃結束後，他獲

得西甲球隊塞維利亞邀請加盟，卻成為他職業生涯急速下滑的開始。雖然他在起初的表現不錯，可是在不敵皇家馬德里的賽事中被視為罪人，加上由於薪金不足以維持一家在塞維利亞的開支，令妻女在西班牙住了不久便返回俄羅斯之下，Dasayev 在塞維利亞的表現愈來愈差，於是在當年西班牙只能上 3 名外援的條例下失去上場機會。

　　縱然在塞維利亞失去機會，Dasayev 仍然獲得蘇聯國家隊信任，繼續成為 1990 年世界盃決賽圈大軍的隊長。可惜他的霉運仍然持續，在首戰對羅馬尼亞由於出現重大失誤，導致球隊以 0 比 2 落敗，他也因此在往後兩場分組賽都沒有進入比賽名單，蘇聯也在小組賽出局了。在世界盃結束的 3 個月後，Dasayev 也正式宣布退出國家隊，不足一年後連蘇聯也從世上消失了。Dasayev 回到塞維利亞還是沒有上場機會，還因為酗酒而發生交通意外。塞維利亞希望把他外借到瑞士聯賽球隊，可是 Dasayev 拒絕，結果他在 1991 年夏天與塞維利亞的合約結束後便決定退役，對羅馬尼亞的一戰成為他的告別作。

Berbatov

保加利亞曾經在 1994 年世界盃獲得殿軍，可是自從 Hristo Stoichkov 那一代球星退下來後，保加利亞足球再看不到輝煌日子。踏進二十一世紀後，保加利亞國家隊只在 2004 年歐洲盃打進決賽圈，縱然有 Dimitar Berbatov 也獨力難支。

對於英超球迷來說，Dimitar Berbatov 絕對是個熟悉的名字，自從在 2006 年離開勒沃庫森轉戰英超後，無論在托特勒姆熱刺、曼聯還是在富勒姆，他也經常以進球顯出球星的能力。不過到了國際賽層面上，Dimitar Berbatov 的際遇便差很遠了。他出道的時候剛好便是 Stoichkov 那一代球星幾乎已經退下來的時候，跟 Berbatov 同時代的保加利亞球員也缺乏出眾之輩，只有 Stiliyan Petrov 和 Martin Petrov 等數名球員的素質比較好一點，比 Berbatov 年紀較小的 Valeri Bojinov 的發展遠遜預期，所以 Berbatov 在保加利亞國家隊可說是單天保至尊。

Berbatov 在保加利亞確定沒能打進 2000 年歐洲盃決賽圈後開始成為國家隊球員，當時他只有 18 歲。後來他轉戰德甲逐步獲得成長，也令他接棒成為國家隊首席前鋒，並以 4 個進球協助國家隊壓倒克羅埃西亞和比利時，在 2004 年歐洲盃資格賽分組賽成為首名，得以到葡萄牙參與決賽圈。可惜保加利亞在 2004 年歐洲盃決賽圈表現很差，首戰便吞了瑞典 5 隻光蛋，第 2 場比賽也以 0 比 2 不敵丹麥，第 3 場賽

事還沒踢便已經確定出局。到了第 3 場比賽，保加利亞雖然以十二碼球取得領先，可是仍然以 1 比 2 不敵義大利，3 場比賽都輸球回家，Berbatov 便帶著踢了 270 分鐘都沒進一球的成績表，草草結束了他第一次也是唯一一次參與的大賽決賽圈賽事。

此後保加利亞足球發展愈來愈不濟，Berbatov 在國家隊的擔子愈來愈重，由於幾乎沒有能與他匹敵的隊友，所以在他的球會比賽成績最好的時候，幾乎每一年都毫無爭議的當選年度保加利亞足球先生獎項，他也以 7 次當選成為保加利亞第一人。不過這個人獎項對他來說似乎沒有什麼意思，因為在國際賽層面上，Berbatov 缺乏足夠支援下也無法交出好成績。在 2007 年 2 月的時候，Berbatov 代表國家隊到塞普勒斯參與一項四角邀請賽，Berbatov 在決賽以 3 比 0 大勝地主國奪冠，雖然只是沒什麼分量的錦標，不過好歹也算是 Berbatov 唯一拿到的國際賽獎項。

2009 年 11 月 18 日，Berbatov 在保加利亞對馬爾他的友賽射進 2 球，協助球隊以 4 比 1 大勝。這場比賽本身並沒有什麼意義，卻是 Berbatov 取得第 48 個國際賽進球，成為保加利亞國家隊史上進球最多的球員。不過在 2010 年的時候，Berbatov 對沒有什麼突破的國際賽感到厭倦，所以決定提早從國家隊退役，當時他只有 29 歲。兩年後他曾經想過復出，不過當時開始走下坡導致他在曼聯失去位置，從而令他

狀態不足，最終他沒有回歸國家隊，就此結束遺憾的國際賽
舞台。離開英超戰場後，Berbatov 再轉戰法甲和希臘聯賽，
在 36 歲的時候短暫參與印度超級聯賽後便正式高掛球鞋。

Oleg Salenko

在國際足壇歷史中，有些奇葩球員彷彿像是為了某一項比賽，甚至是為了某一場比賽而存在。如果說義大利的 Paolo Rossi 和 Salvatore Schillaci 的職業生涯就只有在一屆世界盃決賽圈發亮，俄羅斯的 Oleg Salenko 的光輝時刻更只是在一場比賽當中。

Oleg Salenko 的職業足球員生涯代表作是 1994 年世界盃決賽圈對喀麥隆的比賽中獨進 5 球，令他成為至今唯一在世界盃決賽圈賽事單場進 5 球的球員，也令他成為當屆賽事的金靴獎得主，他也是唯一一名縱然球隊在分組賽便遭淘汰仍然能獲得世界盃金靴獎的球員。其實 Salenko 在參與世界盃決賽圈前也證明過實力，他在 1989 年世青盃決賽圈代表蘇聯出戰，雖然球隊在八強已被淘汰，不過他仍然能夠以 5 個進球成為金靴獎得主，五年後當他再獲得世界盃金靴獎後，便成為至今唯一在世青盃和世界盃決賽圈都拿過金靴獎的球員。

Salenko 在世青盃後效力莫斯科發電機，表現不算很好，踢了四年只進 28 球。他在 1993 年夏天轉投西甲球隊洛格羅內斯（Logroñés）卻交出很好的成績表，在 47 場比賽射進 23 球。由於俄羅斯國家隊在 1994 年世界盃決賽圈前爆出多名主力球員與總教練不和而退隊的風波，令 Salenko 獲得國家隊的關注，從而在世界盃決賽圈前獲得國家隊徵召。Salenko 在世界盃決賽圈首戰還不是主力，只是因為原定主

力 Sergej Yuran 表現不佳，令 Salenko 有上場機會。Salenko 在第 2 場分組賽對瑞典只花了 4 分鐘便射進 12 碼，取得國際賽首個進球，協助俄羅斯領先，可是之後俄羅斯連失 3 球，在首 2 場分組賽都落敗。到了第 3 場分組賽，俄羅斯必須擊敗喀麥隆才可以保持出線希望，這時連隊長 Dmitri Kharin 也跟教練團鬧翻提早離隊。結果 Salenko 以 5 個進球把喀麥隆擊潰，最後還助攻給隊友 Dmitri Radchenko 射進第 6 球，令俄羅斯以 6 比 1 大勝。可是這場勝利也無法令俄羅斯取得晉級資格。

Salenko 成為世界盃金靴獎得主後，獲得西甲豪門瓦倫西亞邀請加盟，可是他沒能踢出世界盃時的水平，加上 Andrei Kanchelskis 等國家隊主力跟俄羅斯足協和好，令 Salenko 再沒有機會入選，獨取 5 球的那一場載入史冊的比賽竟然便是他披上俄羅斯國家隊戰衣的最後一戰。Salenko 的運氣似乎在美國世界盃賽場上用光了。他在瓦倫西亞 1 個賽季便離開，之後轉戰格拉斯哥流浪、土耳其聯賽和西乙聯賽也因為傷患而缺乏上場時間，在 30 歲的時候便黯然退役。

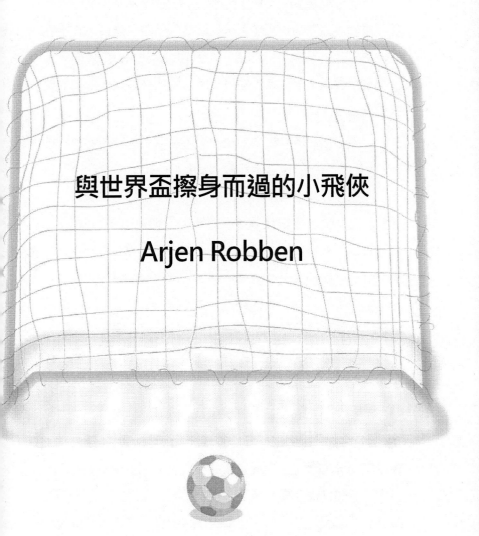

與世界盃擦身而過的小飛俠

Arjen Robben

　　荷蘭小飛俠 Arjen Robben 在 2020 年為了協助母會格羅寧根解決因為肺炎疫情帶來的困難，所以在退役一年後復出，可惜歲月不饒人，他只踢了 2 場比賽便因為傷患而休息了幾乎整個賽季，結果還是在今年 7 月再次退役，為他的遺憾球員生涯再添一筆。

　　Arjen Robben 擁有飛快的速度和優秀的盤球和射門技術，或許在邊路的威力比前輩 Marc Overmars 有過之而無不及，也因此在格羅寧根出道的時候便成為歐洲足壇關注的新星。Robben 很快便獲得國內豪門球隊埃因霍溫的邀請，得以在歐洲賽舞台展示實力，從而獲得俄羅斯巨富 Roman Abramovich 入主後一夜暴富的切爾西邀請加盟。雖然他多次因為傷患而減少上場機會，不過他的出色表現征服了英超球迷，為切爾西打破多年的聯賽冠軍荒，成為「藍戰士」近年稱霸英超和歐洲的奠基者。後來他轉投拜仁慕尼黑，無論在球技和成就都更上一層樓。

　　可是在國際賽生涯中，Robben 的際遇卻是充滿遺憾。他在 20 歲未滿的時候便開始成為荷蘭國家隊的常規人員，在 2004 年歐洲盃決賽圈首次參與大賽，卻在首次上場的比賽中，於領先捷克之下被換下來，然後球隊連失 2 球，最終以 2 比 3 敗北。兩年後，Robben 首次參與世界盃決賽圈，他以出色的表現在擊敗塞爾維亞及蒙德內哥羅和象牙海岸兩場分組賽成為比賽最佳球員，可是荷蘭在十六強與葡萄牙各

有兩名球員被裁判罰離場之下，最終以 0 比 1 落敗出局。到了 2008 年歐洲盃決賽圈，Robben 和荷蘭隊以狂風掃落葉的氣勢，在分組賽接連大勝世界盃冠軍義大利和世界盃亞軍法國，以 3 戰全勝成績晉級。可是荷蘭在八強面對俄羅斯竟然被技術性擊倒出局。

到了 2010 年世界盃決賽圈，26 歲的 Robben 和荷蘭隊愈戰愈勇，在八強戰擊敗巴西，再於四強戰打敗烏拉圭，繼1978 年後再次打進決賽。在 2010 年世界盃決賽中，荷蘭和西班牙各不相讓，形勢陷入膠著。Robben 在下半場終於獲得一次機會突破對手防線，跟對手門將 Iker Casillas 形成單刀之勢，眼看著 Robben 可以為荷蘭打開比分，可是 Robben 卻因為意圖盤球扭過 Casillas 不遂，反而被對手飛身撲走腳下球，令荷蘭平白地錯失黃金機會。機會在人生或者只有一次，錯過了很可能沒有第二次。Robben 沒能為荷蘭進球，令比賽需要加時，結果荷蘭在加時賽失球，最終以 0 比 1 落敗，錯過了首次成為世界冠軍的機會。

四年後，Robben 再次協助荷蘭打進世界盃四強，可是這一次無法攻破阿根廷大門，在互射十二碼階段落敗，再次無緣登上世界冠軍寶座。在 2014 年世界盃後，荷蘭足球的水平下滑的很厲害。雖然 Robben 和 Snejider 等同輩球員仍然在陣，以前輩身份率領 Georgino Wijnaldum 和 Stefan De Vrij 等後進作戰，可是荷蘭卻在 2016 年歐洲盃資格賽接

連失分，最終竟然屈居在捷克、冰島和土耳其之後，以小組第 4 名完成賽事，連參與附加賽爭取入圍的資格都沒有。沒能打進 2016 年歐洲盃決賽圈後，Wesley Sneijder 和 Robin van Persie 等同輩球星都已經退下，只有 Robben 還留下，可是荷蘭在 2018 年世界盃資格賽屈居法國和瑞典之後成為小組第 3 名，連續 2 屆大賽決賽圈都缺席。無法協助荷蘭打進世界盃決賽圈後，Robben 也黯然告別荷蘭隊。

因鼻血為世人所認識

Luis Enrique

在 1990 年代的西班牙足球圈之中，除了 Raul、Fernando Hierro、Josep Guardiola 和 Andoni Zubizarreta，Luis Enrique 可說是另一名地位舉足輕重的球星。近年他已經貴為西班牙國家隊的總教練，不過對於大部分看過他踢球的球迷來說，在世界盃賽場流鼻血的一幕或許是最印象深刻，也是不少球迷真正開始認識他的時候。

Luis Enrique 在 1990 年正式出道，由於攻守俱備而且鬥志十足，也可以勝任中前場各個位置，所以很快便獲得國家隊垂青，還代表西班牙 U23 出戰 1992 年奧運男足項目，成為奧運金牌得主。再加上他從家鄉球隊希洪轉投皇家馬德里之後表現繼續進步，所以在 1994 年世界盃決賽圈以主力身份為西班牙出戰，而且還在十六強以 3 比 0 擊敗瑞士一戰取得個人首個國際賽進球。到了八強，西班牙跟傷兵滿營的義大利拉成均勢，可是 Roberto Baggio 在完場前的進球令西班牙陷入絕境。Luis Enrique 奮力反攻不果，反而被義大利後衛 Mauro Tassotti 以手肘打中鼻樑，鮮血從他的鼻孔如湧泉般流出，令他的球衣也染滿鼻血的畫面浮現在全球觀眾眼前。Luis Enrique 的付出最終無法阻止西班牙落敗出局。

兩年後的歐洲盃決賽圈，Luis Enrique 本來也是以主力身份出戰，可是踢了兩場比賽之後便因為受傷而沒有上陣，西班牙也在八強以互射 12 碼不敵地主國英格蘭出局。到了 1998 年世界盃決賽圈，Luis Enrique 的狀態相當好，不過西

班牙在這一屆賽事發揮不佳，首戰便輸給奈及利亞，在第二場分組賽也贏不了巴拉圭。到了第三場分組賽，Luis Enrique攻破保加利亞大門，協助西班牙以 6 比 1 大勝，可是由於巴拉圭贏了提前確定晉級的奈及利亞，令西班牙縱然贏了一仗也無法晉級，黯然在分組賽便出局。四年後的 2002 年世界盃決賽圈，Luis Enrique 以老將身份再次出戰，可是最終還是在八強以互射十二碼不敵地主國韓國出局。2002 年世界盃結束後，Luis Enrique 也退出國家隊，為充滿遺憾的國際賽生涯劃上句點。

Luis Enrique 在退役後成為教練，在 2018 年世界盃結束後成為國家隊總教練，在一年後因為個人原因暫時離職，四個月後復任，不過在復任期間，他卻與共事了六年的助手，在他離任期間暫代總教練職務的 Roberto Moreno 鬧翻，毫不留情的把對方趕走才回到國家隊總教練職位，在當時帶來不少爭議。而且在今年的歐洲盃決賽圈上，他竟然打破傳統，沒有挑選皇家馬德里球員參賽，也被質疑是球員時代種下對皇馬的仇恨有關，不過最終他能率領球隊打進四強賽，這些爭議點便再沒有人提及。

Sergio Goycochea

阿根廷曾經贏過兩次世界盃，也出產過不少殿堂級球星，不過知名的門將不多，在 1990 年世界盃意外成名的 Sergio Goycochea 相信是最令人難忘的一員。

Sergio Goycochea 可說是非一般阿根廷守門員，他雖然是阿根廷豪門球隊河床的出品，不過由於球會和國家隊都有首席門將 Nery Pumpido 把關，所以他沒有什麼機會，於是在盛年轉投哥倫比亞球隊百萬富翁。他在 1990 年世界盃決賽圈入選阿根廷大軍名單，本來的順位是第三號門將，由於本來的二號門將 Luis Islas 拒絕徵召，令他升格為二號門將。這本來是無關痛癢的變動，畢竟都只是基本上沒有什麼機會上場的替補球員。可是機會卻突然降臨在他身上。

阿根廷在 1990 年世界盃決賽圈首戰爆冷不敵喀麥隆，Pumpido 的失誤成為輸球的主因之一。這名 1986 年世界盃奪冠功臣門將在第 2 場對蘇聯的分組賽仍然上場，踢了 10 分鐘左右便斷了腳，於是 Goycochea 的機會來了。他突然成為這支爭取衛冕世界盃的球隊把關者。最初他的表現還是因為緊張而沒能予人信心，幸好適應了比賽節奏後表現愈來愈好。而且在八強和四強當阿根廷只能逼平對手，要以互射十二碼方式決勝的時候，Goycochea 在兩場比賽都救出對手的射門，成為阿根廷挺進決賽的其中一名最大的功臣。到了決賽，缺少多名主力的阿根廷只能以死守戰術牽制西德，可是在少賽一人的情況下，西德終於獲得十二碼球，可是 Goycochea

這次沒能救出 Andreas Brehme 的射門，結果阿根廷以 0 比 1 輸球。Goycochea 成為阿根廷在這一屆賽事的贏家之一，賽前只是無名氏的他，竟然一舉成為賽事最佳守門員。

1990 年世界盃之後，Sergio Goycochea 正式成為阿根廷國家隊的首席門將，他協助球隊奪得 1991 和 1993 年美洲盃，以及 1992 年的法赫國王盃（洲際國家盃前身）。不過在球會發展方面，Goycochea 卻不及在國家隊，他在 1992 年首次登陸歐洲加盟法國球隊比斯特，與名將 David Ginola 成為隊友，可是只踢了 3 個月比賽，球隊卻因為破產而被取消參賽資格。Goycochea 之後選擇到巴拉圭踢球，發展也不太順利。到了 1993 年下半年，Goycochea 的球員事業發展急轉直下。阿根廷在世界盃資格賽竟然以 0 比 5 慘敗在哥倫比亞腳下，Goycochea 在這場比賽的表現備受抨擊，連同那時候他回到母會河床踢球，卻竟然在對宿敵博卡青年犯下嚴重錯誤，成為球隊以 1 比 6 慘敗的罪人。雖然 Goyochcea 仍然協助阿根廷打進 1994 年世界盃決賽圈，可是在決賽圈的時候已經淪為替補，在這一屆世界盃決賽圈完全沒有上場機會，阿根廷也在十六強便出局，賽事結束後，Goycochea 也再沒有入選國家隊。

結束國際賽生涯後，Goycochea 在阿根廷和巴西足壇的發展都不太順利，結果在 1999 年結束球員生涯。由於他擁有俊朗外貌和高大身材，所以當他在世界盃成名的時候已經

是廣告商的寵兒，退役後也全心在電視界和球評方向發展，
時至今天仍然在電視台擁有自己的節目，從來沒有離開過阿
根廷球迷的視線之外。

Boksic

克羅埃西亞在 1998 年世界盃意外地獲得季軍，可是對於該國史上其中一名最出色的前鋒 Alen Boksic 來說，因為受傷而無法成為改寫歷史的一份子實在相當遺憾。

Alen Boksic 具備強壯的身材、出色的腳法和射術，所以在出道初期便獲得南斯拉夫國家隊徵召，入選 1990 年世界盃決賽圈，可說不獲總教練重用，連一分鐘上場機會都沒有。受南斯拉夫內戰和瓦解影響，Boksic 離開家鄉轉戰法國聯賽，首站是到坎城跟後來的法國球王 Zinedine Zidane 做隊友，可是因為受傷只上場 1 次。一個賽季之後，Boksic 獲當時準備稱霸歐洲的馬賽邀請加盟，首個賽季便立即展現世界級前鋒水平，不僅以 23 個進球成為法甲金靴獎得主，還協助球隊奪得法甲和歐冠冠軍。可是這兩項冠軍後來因為球會主席陷入賄賂假球醜聞而被褫奪。

Boksic 在馬賽因假球醜聞被勒令降級前轉投義甲球隊拉齊歐，雖然進球數很少，不過也協助球隊在義甲取得佳績，後來轉戰尤文圖斯也協助球隊奪得義甲和洲際盃錦標。正當他準備成為克羅埃西亞出戰 1998 年世界盃決賽圈的一份子之際，卻在賽前因為受傷而落選。最終克羅埃西亞成為季軍，他沒能分享這項榮譽，克羅埃西亞沒有了他也錯失再進一步的機會。

Boksic 在養傷了接近一個賽季之後，以最佳狀態協助拉齊歐奪得義甲和歐洲賽盃冠軍盃錦標。可是他已經錯失了為

克羅埃西亞國家隊建功立業的機會。克羅埃西亞在 1998 年世界盃奪得季軍後，因為部分主力球員退役和走下坡，所以戰力大不如前之下沒能晉級 2000 年歐洲盃決賽圈。Boksic 在 2002 年世界盃決賽圈終於首次上場，可是這時他已經年屆 32 歲，球隊在日本賽場也沒有什麼亮眼表現，縱然能擊敗義大利，可是在分組賽便出局，Boksic 也沒有進球。

圓了在世界盃決賽圈上場的夢後，Boksic 回到英超球隊米德斯堡飽受傷患困擾，失去了昔日強力前鋒的威力，在 18 場比賽只進 2 球。堅持了數月後，他決定提早解約離開，並就此宣布退役，當時他只有 33 歲。

Canizares

　　守門員是球場上最殘酷的位置，原因是每一隊只有 1 個人可以上場，導致有一些門將素質不錯，可是因為有比他更好的人，令他成為萬年老二，西班牙名將 Santiago Canizares便是近年知名的「老二」門將。

　　出身於名門皇家馬德里的 Canizares，出道不久便代表西班牙出戰巴塞隆納奧運足球項目，以主力門將身份協助國家贏得史上首面足球金牌。由於在皇家馬德里沒能獲得上場機會，所以在奧運會後轉投塞爾塔，以優異表現獲得入選西班牙在 1994 年世界盃決賽圈的大名單，不過由於國門由老將 Andoni Zubizarreta 把守，所以他根本沒機會上場。世界盃後，Canizares 回到皇家馬德里，不過等了 3 個賽季後才獲得主力位置，可是還沒踢完整個 1997-98 年賽季，Canizares 又被協助西德奪得 1990 年世界盃冠軍的 Bogo Illgner 搶走位置。然後在 1998 年世界盃後轉投瓦倫西亞，才開始迎來發光發亮的時候。

　　Santiago Canizares 接替 Zubizarreta 成為瓦倫西亞的首選門將，立即奠定他在西班牙首席門將的位置，先是以主力身份參與 2000 年歐洲盃決賽圈，繼而在 2001-02 年賽季協助瓦倫西亞奪得西甲冠軍。正當他準備在第 3 次出席世界盃決賽圈，將首次以正選身份出戰的時候，卻在開賽前不慎在浴室打破鬚後水玻璃瓶，碎片弄傷了腳骨，令他無奈地因傷退選。這一次退選造就了 Iker Casillas 的崛起，這名後進

成功搶走了本來屬於 Canizares 的位置。縱然 Canizares 在 2003-04 年賽季再次協助瓦倫西亞稱霸西甲，他在 2004 年歐洲盃決賽圈已經淪為無緣上場的替補門將。到了 2006 年世界盃決賽圈，Canizares 第 3 次入選大名單，可是仍然只是次席門將。西班牙在那一屆賽事的分組賽踢了 2 場便獲得晉級資格，所以 Canizares 在第 3 場分組賽對沙烏地阿拉伯一戰終於獲得首次上場機會，也協助西班牙以 1 比 0 勝出。在這一屆世界盃結束後，Canizares 也退出國家隊，這場唯一的決賽圈賽事也成為他的告別戰。

Canizares 在 2008 年結束了球員生涯，與同世代的 Raul Gonzalez 一樣剛好等不到西班牙足球稱霸世界的時候。他在退役後除了擔任球評，還轉戰汽車拉力賽，並於年前贏得瓦倫西亞區比賽的冠軍。他的長子 Lucas 也繼承父業，同樣是在皇家馬德里青年軍成長，現年 19 歲的 Lucas 在 2021-22 年賽季升上皇馬預備隊，雖然只是替補門將，不過也繼續努力踏上父親昔日的道路。

Gianfranco Zola

　　他曾經是球王馬拉度納欽點的接班人，無奈在自家地方沒有受到重視，反而遠走英格蘭足壇之後成為傳奇球星，他就是 Gianfranco Zola。

　　在薩丁島出身的 Gianfranco Zola 雖然身材矮小，不過擁有非常優秀的腳法，無論射門和傳球能力都十分出眾，所以縱然只是在家鄉低級別球隊出道，也獲得當時擁有馬拉度納的拿坡里關注，在 23 歲的時候轉投這支義甲冠軍球隊。由於踢法跟球王非常相似，所以他在首個賽季上場機會不多，只有 18 次聯賽上場進了 2 球，因此在 1989-90 年賽季奪得義甲冠軍，也不算有太多功勞，可是這已經是他職業生涯唯一的聯賽錦標。踏進 1990 年代，馬拉度納開始從高峰滑落，及後更因為禁藥事件長期停賽，於是 Zola 便繼承了他的位置和 10 號球衣 (當時義甲沒有固定球衣號碼，正選球員只穿 1-11 號球衣)。在「老馬」接近離開拿坡里之際，他老人家明言 Zola 就是他的接班人，所以根本不需要在外找球員代替他。後來就算老馬跟 Zola 一起擔任正選，有時候也會主動讓出 10 號球衣給 Zola，自己則改穿 9 號球衣。

　　Gianfranco Zola 在老馬離開後成為拿坡里的核心，不過由於拿坡里再沒有爭奪冠軍的能力，所以就算 Zola 表現繼續進步也無法率領拿坡里重拾老馬時代的風采。在 1993 年夏天，拿坡里的財政困難而將 Zola 賣到歐洲新貴球隊帕馬，成為這支中部小城球隊在 1990 年代初在義甲和歐洲爭霸的骨

幹成員。由於在義甲表現優異，所以 Zola 在義大利無緣參與 1992 年歐洲盃決賽圈後成為國家隊常規成員，不過由於當年有如日中天的「金童」Roberto Baggio，所以 Zola 在國家隊只是替補前鋒。在 1994 年世界盃決賽圈，他在十六強賽對奈及利亞一戰才首次替補上場，可是上場不足 10 分鐘便因為裁判認為他蓄意踐踏對手而送他一張紅牌。雖然義大利最終打進決賽，可是 Zola 停賽期滿後也沒有獲得上場機會。

1994 年世界盃後，Zola 在 Roberto Baggio 不受義大利國家隊重用之下開始成為主力，並成為 1996 年歐洲盃決賽圈的首選前鋒，首戰便助攻給 Pierluigi Casiraghi 進球，協助義大利擊敗俄羅斯。不過他在第 3 場分組賽竟然射失了十二碼，令義大利只能夠以 0 比 0 打和德國，最終在小組賽便出局。隨著新秀 Alessandro Del Piero 的崛起，Zola 在 1998 年世界盃資格賽便失去了主力位置，及至 Roberto Baggio 在決賽圈獲重召，Zola 不幸地落選大名單，他也就此結束了國際賽生涯，對奈及利亞的 10 分鐘便成為他在世界盃決賽圈的唯一紀錄。

Zola 在 1995 年開始也在帕馬失寵，先是因為保加利亞前鋒 Hristo Stoichkov 的到來令他失去主力位置，及後縱然 Stoichkov 離開，也因為新教練 Carlo Ancelotti 認為他不符合戰術需要，所以讓他可選擇離開。Zola 在 1996 年 11 月離開義大利，在 Ruud Gullit 的邀請下加盟切爾西。由於當時

的英超才剛開始轉趨國際化，腳法出眾的 Zola 立即變得鶴立雞群，瞬間征服了「藍戰士」球迷的心，協助球隊贏得歐洲優勝者盃、歐洲超級盃、英格蘭足總盃和聯賽盃，只是因為球隊表現不太穩定，才沒能在英超與如日中天的曼聯一較高下。在 2002-03 年賽季，本來已經失去主力位置的 Zola 再次以表現征服球迷，當時已經 35 歲的他以 16 個進球成為球隊賽季射手王，協助球隊得英超殿軍和歐冠參賽資格，成為 Roman Abramovich 決定入主球隊的關鍵因素。可是 Zola 沒等到「油王」來到便離開英格蘭，他決定返回薩丁島加盟卡利亞里，以 13 個進球協助球隊重返義甲，年屆 38 歲的他在義甲仍然能取得 9 個進球，協助球隊保級成功之後，光榮結束職業球員生涯。

Emerson

　　巴西在 2002 年世界盃決賽擊敗德國，第 5 次成為世界冠軍，也是他們最近一次贏得世界盃。雖然事隔接近二十年，隊長 Cafu 代表巴西舉起獎盃的場面仍然令人印象深刻。不過本來成為這個畫面的主角並非 Cafu，而是非常背運的 Emerson。

　　Emerson 在 1998 年世界盃決賽圈意外地獲得徵召進巴西的大名單，而且還穿下本來所有人都認為應該是屬於傳奇前鋒 Romario 的 11 號球衣。這名全能防守中場當年只是 22 歲的菜鳥，所以在位置競爭上不敵老大哥 Dunga 和前輩 Cesar Sampaio，在法國舉辦的這一屆賽事只有在八強戰對丹麥和四強戰對荷蘭兩場比賽替補上場，巴西也在這一屆決賽離奇地不敵法國失落錦標。1998 年世界盃之後，老大哥 Dunga 退下來，Emerson 立即接棒成為巴西隊的主力中場球員，協助巴西贏得 1999 年美洲盃冠軍。在球會級賽事上，他也從德國的勒沃庫森轉投義甲球隊羅馬，協助球隊在 2000-01 年賽季奪得夢寐以求的聯賽冠軍，球員生涯發展可說是一帆風順。

　　另一方面，Emerson 在巴西國家隊也已經榮升為隊長，準備率領 Ronaldo、Rivaldo 和 Ronaldinho 等隊友出戰 2002 年世界盃決賽圈，可是就在首戰對土耳其開打前的一次訓練中，Emerson 竟然因為玩票性質擔任隊內賽的門將時接球失誤導致肩膀脫臼，無奈地因傷退隊。結果巴西在

Emerson 的缺席下連克強敵，最終贏了冠軍，Cafu 取代了 Emerson，以隊長身份捧起冠軍獎盃。

　　Emerson 與世界盃冠軍擦身而過後，繼續在球會級別的賽事揚威，後來轉到皇家馬德里和 AC 米蘭都協助球隊獲得錦標。至於國家隊方面，由於 Cafu 在世界盃期間展現優異的領導才能，所以縱使 Emerson 傷癒後回到巴西國家隊並重新成為主力，也已經不再是隊長。協助巴西獲得 2005 年洲際國家盃後，Emerson 準備在 2006 年世界盃決賽圈大展拳腳，和擁有 Ronaldo、Ronaldinho、Kaka、Adriano 和 Roberto Carlos 等巨星的巴西隊爭取第六次奪冠。可是這支巴西隊在德國賽場上沒有發揮與名氣相稱的表現，最終在八強不敵法國出局，Emerson 在這一屆賽事也因為受傷而只踢了 3 場比賽，輸給法國一戰也沒有上場。結果 Emerson 和 Ronaldo 等征戰國際賽多年的老將在這一屆世界盃後退出國家隊，名利雙收的 Emerson 就此與世界盃冠軍絕緣。

　　Emerson 在 33 歲的時候便因為傷患而退役，不過他在退役後的六年卻意外地復出，為美國第 6 級業餘聯賽球隊邁阿密 Dade 隊出戰，並協助球隊以不敗成績贏得常規賽冠軍，當時他已經 41 歲。這一年結束後他正式離開足球場，為球員生涯劃上句點。

大器晚成的空中霸王

Bierhoff

要數國際足壇屢敗屢戰最終修成正果的球員典範，近代有英格蘭的 Jamie Vardy，1990 年代則有德國長人中鋒 Oliver Bierhoff。

擁有 191 公分身高的 Oliver Bierhoff，是一名擁有相當厲害高空進攻能力的高塔，可是在出道初期沒能發揮威力。他為漢堡和門興踢過德甲，可是表現都不甚理想，於是在 22 歲的時候便去了當時被認為德國人混不下去才去的奧地利聯賽。Bierhoff 在奧地利初現威力，為薩爾斯堡上場 33 次射進 23 球，因此獲得義甲球隊阿斯科利賞識。可是他在義甲初期也不順利，首個賽季只有十七次上場進了兩球，球隊也降級到義乙。在次一等的義乙聯賽，Bierhoff 再次發揮威力，在三個賽季進了 46 球，也因此獲得重返義甲的烏迪內斯垂青，成為 Bierhoff 職業生涯的轉捩點。

Bierhoff 在烏迪內斯獲得 Alberto Zaccheroni 的指導下脫胎換骨，成為義甲列強聞風喪膽的轟炸機，在 1995-96 年賽季射進十七球，也因此獲得德國國家隊徵召，這時他已經 29 歲。他獲選代表德國參與 1996 年歐洲盃決賽圈，那時候他只是替補前鋒，在決賽前的五場比賽，他只上場了兩次沒有進球。到了決賽的時候，Bierhoff 也只是在 69 分鐘替補上場。不過只是上場了 4 分鐘，Bierhoff 便以頭球為德國追平，繼而在加時階段射進黃金進球，成為德國反勝捷克封王的大功臣，至此他的名字才獲世人真正認識。

　　Bierhoff 將歐洲盃決賽的好狀態延續，在往後兩個賽季為烏迪內斯射進四十球，也因此成為德國隊的主力，跟 Juergen Klinsmann 組成轟炸機前鋒組合，在 1998 年世界盃決賽圈射進 3 球。可惜德國於其時已經踏進青黃不接，所以 Bierhoff 沒能再為德國拿下錦標，1998 年世界盃八強止步，2000 年歐洲盃分組賽一場不勝出局。相反 Bierhoff 在 1998 年世界盃後獲得已經成為 AC 米蘭主帥的 Zaccheroni 提攜，二人在米蘭城再次合作，首個賽季射進 19 球，當中有 15 球是頭球，打破義甲單季球員頭球進球紀錄，協助米蘭重奪義甲冠軍。可惜及後 Bierhoff 不再年輕，比賽狀態逐漸下滑，在 2002 年世界盃決賽圈也不再是德國隊的主力，幸好在對沙烏地阿拉伯的大勝當中也取得最後一個國家隊進球，德國隊也打進決賽獲得亞軍。2002-03 年賽季他轉投切沃，三十五歲的他也進了 7 球，賽季結束後宣布退役，總計獲得 102 個義甲進球。

　　Bierhoff 在退役後一直為德國足協工作，從 2004 年開始成為國家隊經理，協助 Klinsmann 和後繼者 Joachim Loewe 的公關工作，到了 2018 年因為足協架構重組改任技術總監，仍然是德國隊不可或缺的角色。

一次大意便失了荆州的丹麥魔術師

Michael Laudrup

Christian Eriksen 在 2020 年歐洲盃突然因心臟病倒下而震驚全球，事件也令他能否再延續足球員生涯泛起迷霧。他的前輩 Michael Laudrup 可說是丹麥史上其中一名最佳球員，可是因為一時錯判而失去唯一一次獲得歐洲冠軍的機會。

才華橫溢的 Michael Laudrup 剛出道便展現驚人的進攻能力，在國內強隊布隆德比踢了一個賽季便進了二十四球，結果很快便獲得義甲球隊尤文圖斯賞識。不過由於當時有外援名額限制，所以他先外借到拉齊歐培訓兩個賽季。在尤文圖斯拿到歐冠錦標和拉齊歐降級後，Laudrup 因為波蘭名將 Boniek 的離隊而重返尤文圖斯，跟 Michel Platini 合作為球隊贏得洲際盃冠軍，同一賽季也贏得義甲錦標，並於 1986 年夏天代表丹麥參與世界盃決賽圈，這時他只有二十二歲。並在對烏拉圭一役中取得一個進球，整體發揮非常出色。只可惜，小組賽三戰三勝的丹麥，卻在十六強中以 1：5 大敗給西班牙而出局。

在 Platini 退役後，Laudrup 被期待成為繼任人，可是他沒有展現 Platini 的水平，於是他轉投巴塞隆納。在偶像 Johan Cruyff 的調教下，Laudrup 跟 Hristo Stoichkov 組成「夢幻組合」，並於 1992 年稱霸歐洲奪得歐冠。

丹麥國家隊無法打進 1990 年世界盃決賽圈，Michael Laudrup 跟弟弟 Brian Laudrup 跟新任總教練 Richard Moller Nielsen 不咬弦，於是短暫退出國家隊。丹麥後來因

為南斯拉夫內戰被國際足聯制裁，得以臨時遞補參與1992年
歐洲盃決賽圈。國家隊總教練不計前嫌重召 Laudrup 兄弟，
Brian Laudrup 接受徵召，可是當時已經放假的 Michael
Laudrup 覺得拉雜成軍的丹麥隊在歐洲盃決賽圈沒有太多機
會獲得好成績，所以拒絕徵召，結果丹麥創造奪冠童話，
Michael Laudrup 就這樣被排除於功績簿外。

　　Laudrup 在巴塞隆納的日子也開始過得不如意，隨著
Romario 的加盟，他不再是球隊的必然主力，並於 1994 年
歐洲冠軍盃決賽慘敗後成為被指責的對象。另一方面他在
1993 年夏天重返國家隊，可是丹麥無法奪得1994 年世界盃
決賽圈席位，雙重失意之下，他決定在 1994 年夏天轉投巴
塞隆納的宿敵皇家馬德里，並於首個賽季便協助球隊擊敗巴
塞隆納奪得西甲冠軍，展開皇馬稱霸西甲和歐洲的序幕。

　　1996 年，Michael Laudrup 意外地在賽季中段便離開
皇馬，並選擇加盟當時還在日本次級聯賽角逐的神戶勝利船。
同時繼續以隊長身份代表丹麥出戰 1996 年歐洲盃決賽圈，
可惜衛冕失敗在分組賽便出局。Michael Laudrup 及後協助
神戶升上 J 聯賽，可是因為傷患只踢了三場比賽，加上前國
家隊隊友 Morten Olsen 擔任阿賈克斯主帥後邀請他加盟，
所以 Laudrup 在 1997 年夏天便返回歐洲，1998 年世界盃
決賽圈率領丹麥打進八強，在這屆世界盃中，他亦取得一個
進球，表現亦尚算不錯，可惜最後以 2：3 僅負巴西出局。

在世界盃後，他跟弟弟 Brian 一起退出國家隊，Michael Laudrup 更直接宣布退役。退役後的 Michael Laudrup 轉任教練，率領過赫塔菲打進歐洲賽，也協助斯旺西奪得聯賽盃，不過近年執教中東球隊並沒有太多成功，2018 年後再沒有執教。

成也瀟灑敗也瀟灑的法國藝術家

Ginola

只要看過他踢球，就一定會被他的秀麗腳法吸引並為之著迷，加上外型俊朗瀟灑，所以幾乎沒有球迷不喜歡他，可是對於教練來說他實在太有個性，成為他的足球事業重大障礙，他就是法國足球藝術家 David Ginola。

David Ginola 在職業球員生涯初期只是效力法國低級別小球隊，不過已經足以吸引豪門球隊巴黎聖日耳曼將他收歸旗下，並成為巴黎稱霸法國的基石球員，自然也獲得國家隊徵召。可惜他在國家隊的生涯是不堪回首，他錯過了入選 1992 年歐洲盃決賽圈大軍的機會，歐洲盃戰敗後他成為恆常隊員，卻在 1994 年世界盃資格賽最後一場對保加利亞的賽事回傳失誤，被對手以反擊取得進球，令法國反勝為敗，在只要打平便取得決賽圈資格的情況下卻落敗出局。賽後 Ginola 被當時的總教練 Gerard Houllier 點名為國家罪人，多年後 Houllier 在著作中仍然點名批評 Ginola，二人的樑子直到 Houllier 離世都沒有解開。

Ginola 挺住了「國家罪人」的污名，在歐冠和法甲賽事繼續交出耀眼的表現，不過他實在受不了法國人的指責，所以在 1995 年夏天決定出走。當時盛傳巴塞隆納有意羅致他，不過他選擇加盟英格蘭東北部的紐卡索聯。在紐卡索聯，球場左邊就是他的表演舞台，他以華麗的腳法將對手的右後衛玩弄於股掌中，紐卡索聯也藉著他和 Les Ferdinand 等人的優異表現成為爭冠份子，可惜連續兩個賽季都不敵曼聯屈居

亞軍。縱然在英格蘭光芒四射，可是由於 Ginola 的球風不合新任法國隊總教練 Aime Jacquet 的戰術，所以在 1995 年後再沒有入選國家隊，沒能參與法國及後成為世界冠軍的過程上。

David Ginola 在紐卡索聯的好日子在 Kevin Keegan 離任領隊後便結束，由於繼任者 Kenny Dalglish 不太喜歡使用沒有防守能力的 Ginola，所以決定將他出售給托特勒姆熱刺。在熱刺的第二個賽季，Ginola 再次令英格蘭人折服，他以優異的表現贏得英格蘭球員先生獎項，是史上首名效力英超排名前四名以外球隊仍然獲得這獎項的球員，同年也協助熱刺奪得聯賽盃。可是只效力了三個賽季，熱刺便把不再年輕的 Ginola 賣到阿斯頓維拉。在阿斯頓維拉他竟然被領隊 John Gregory 公開批評過於肥胖，結果他在聯賽進球後故意掀起上衣秀出完美體態以作反擊。不過畢竟 Ginola 加盟維拉的時候已經三十三歲，速度和本來已經不算出色的體能都不復當年勇，加上受傷患困擾以及跟主帥不睦，所以在第二個賽季已經沒有太多上場機會，約滿後以自由身離開。這時他加盟了埃弗頓，不過由於不在新任領隊 David Moyes 的計劃內，所以他只踢了五場比賽便約滿離開，然後在三十六歲之齡宣布退役。

雖然樣貌也逐漸年華老去，不過 David Ginola 仍然是大帥哥，所以退役後自然不愁沒有工作，他主要在演戲和擔任

電視球評為主。在 2015 年他曾經想過參選國際足聯主席，可惜因為沒能獲得足夠會員國總會支持而退選。或許對於他和球迷來說這反而是好事，至少不用看到他有機會淪為另一個 Michel Platini 吧。

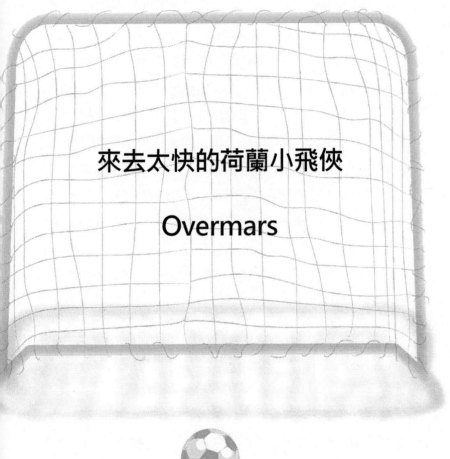

來去太快的荷蘭小飛俠

Overmars

荷蘭近年盛產世界級翼鋒，剛再次退役的 Arjen Robben 是大家最熟悉的，他的前輩 Marc Overmars 也是令人難以忘懷。

Marc Overmars 身高達 173 公分，在歐洲人的世界來說也不算是太矮小，卻擁有媲美短跑運動員的速度，所以縱然他是右腳球員，放在左邊還是令對手疲於奔命。他並非系出荷蘭三大豪門的青年軍，不過由於太厲害，所以很快便獲阿賈克斯收歸旗下，成為阿賈克斯在 1993 年開始稱霸荷蘭，繼而成為歐洲王者和洲際盃冠軍的核心球員。Overmars 也在「三劍客」時代落幕前開始成為荷蘭國家隊主力，並於 1994 年協助荷蘭克服 Ruud Gullit 賽前退賽風波，以及 Marco van Basten 因傷無法參賽的陰影，得以打進八強，他也獲選為賽事最佳年青球員。

1995 年 12 月，剛為阿賈克斯贏得洲際盃回來的 Overmars，卻在一場荷甲賽事弄斷十字韌帶，結果養傷了大半年。他的缺席令阿賈克斯在 1996 年歐冠決賽無法擊敗尤文圖斯而衛冕失敗，他也無法參與 1996 年歐洲盃決賽圈，荷蘭在這一屆賽事只能勉強打進八強。阿賈克斯球員在 1996 年夏天因為博斯曼條例實行而慘遭歐洲列強瓜分，Overmars 因為仍然受傷以及剛跟球隊續約而成為少數留隊的主力。Overmars 養傷了八個月後復出，可是阿賈克斯失去大量主

力後戰力銳減，他也沒能回復十足狀態，因此阿賈克斯失落荷甲冠軍，也令他決定離開荷蘭尋求新挑戰。

Overmars 本來已經是歐洲列強希望羅致的目標，在受傷前更一度傳出加盟曼聯，他在 1997 年終於登陸英格蘭，不過加盟的是當時意圖推翻曼聯王朝的兵工廠。在 Arsene Wenger 的指導下，以及跟 Dennis Bergkamp 和 Patrick Vieira 等世界級隊友的合作，令 Overmars 的威力倍增，兵工廠也因此踢出行雲流水的進攻足球，一舉擊敗曼聯首奪英超和足總盃冠軍。Overmars 把好狀態帶進世界盃賽場，他在 1998 年世界盃決賽圈與荷蘭展現水銀瀉地的漂亮足球，協助球隊打進四強，可是在互射十二碼不敵巴西無緣再進一步。

Overmars 往後繼續在兵工廠和荷蘭國家隊發光發熱，可是遇上曼聯回復強勢成為歐洲和英格蘭三冠王，在國家隊方面，縱然表現仍然出色，卻無法協助荷蘭在 2000 年歐洲盃以地主國身份奪冠。踢完歐洲盃後，巴塞隆納終於打動 Overmars 的心，Overmars 決定離開兵工廠，Wenger 也願意放行並獲得可觀的轉會費。可是 Overmars 加盟的巴塞隆納正值領導層管理混亂的時候，球隊縱然擁有不少球星，可是表現得一盤散沙，自然也沒有好成績，Overmars 的表現也不復舊觀，2001-02 年賽季更是出道以來整個賽季都沒有聯賽進球，荷蘭也無法出戰 2002 年世界盃決賽圈。

　　隨著年齡漸長，Overmars 的戰鬥力也逐漸下降，不過仍然保住在國家隊的席位，並出戰 2004 年歐洲盃決賽圈。那時候他已經不是荷蘭隊的主力，位置已被後輩 Robben 取代，不過還是能替補上場作出若干貢獻，最終荷蘭在這一屆賽事四強止步。比賽結束後，Overmars 也宣布退役。不過在退役後四年，他參加舊隊友 Jaap Stam 的告別賽，卻竟然把阿賈克斯的現役球員玩弄於股掌中，於是吸引德國和荷蘭球隊邀請復出。最初他拒絕，不過及後卻選擇為出道時的母會前進之鷹復出，在荷乙征戰一個賽季，可是膝部傷患始終纏繞他，所以賽季結束後便再次高掛球鞋。

錯誤抉擇斷送了前途的最佳中場

Mendieta

　　看過本世紀初的西班牙足球的球迷，相信一定會對
Gaizka Mendieta 感到可惜，技術出眾和擁有超群領袖風範
的他，因為一次轉會失利便無法重現他應有的光芒。

　　Gaizka Mendieta 在家鄉低級別球隊出道的時候是邊後
衛，然後轉投瓦倫西亞的表現也沒有很突出，直到義大利教
練 Claudio Ranieri 來到把他放在中場位置，他的轉守為攻能
力才被完全釋放，瓦倫西亞在他的領導下也進化為挑戰甚至
逐漸取代皇家馬德里和巴塞隆納的強隊，Mendieta 和瓦倫
西亞的球風也相當悅目。後來瓦倫西亞改由阿根廷教練
Hector Cuper 執教，Mendieta 更加光芒四射，在 1999-
2000 年賽季西甲射進職業生涯最多的十三個進球，協助球隊
獲得季軍，而且更率領球隊首次打進歐冠決賽，可惜面對「老
大哥」皇馬還是輸球。Mendieta 的出色表現，令他獲得西班
牙國家隊徵召參與 2000 年歐洲盃決賽圈的機會。

　　西班牙在 2000 年歐洲盃決賽圈的表現相當反覆，在分
組賽幾乎到了出局邊緣，Gaizka Mendieta 在最後一場分組
賽完場前射進 12 碼球，協助球隊追和南斯拉夫，然後西班牙
在裁判差不多鳴哨前再進一球反勝，才得以取得晉級資格。
Gaizka Mendieta 在八強賽對法國一戰再取得進球，一度為
西班牙追平，可是之後法國再進一球，Raul 完場前射失十二
碼球，令西班牙在八強止步。

　　2000-01 年賽季，Mendieta 和瓦倫西亞再次打進歐冠
決賽，這次的對手是拜仁慕尼黑，相比起之前一年以零比三

完敗給皇馬，瓦倫西亞這次能夠跟拜仁打成平手，可是最終還是互射十二碼球落敗，Mendieta 再度與歐洲冠軍擦身而過，他連續兩個賽季獲歐洲足聯選為歐洲最佳中場球員。

在歐冠的成功令拉齊歐願意為 Mendieta 掏出 4,770 萬歐元轉會費，打算以他來代替離隊他投的 Pavel Nedved 和 Juan Veron。可是 Mendieta 卻因為水土不服，加上拉齊歐財政問題開始浮現從高峰下滑，令他的表現跟在瓦倫西亞的時候判若兩人，整個賽季只是斷續地上場了二十次，沒有進球。在拉齊歐的不濟沒有影響他入選西班牙國家隊，他仍然可以參與 2002 年世界盃決賽圈，只是他再不是球隊的主力。

直到第三場分組賽才上場，這時西班牙已經獲得出線資格，他也爭氣的射進一球，協助球隊擊敗南非保持在分組賽全勝，但在十六強戰和八強戰都只能獲得替補上場的機會，在十六強與愛爾蘭打成平手，互射十二碼階段，他負責第五位主射的球員，並順利進球，協助西班牙晉級八強。可惜，西班牙在八強與韓國同樣到了互射十二碼階段，但這次，他還沒有機會為球隊主射十二碼便出局了。

開始面對財政危機的拉齊歐在世界盃後趕緊把昂貴又沒有合符預期表現的 Mendieta 甩走，他以借用形式加盟巴塞隆納，可是不幸地遇上巴塞隆納仍然飽受管理問題影響的低迷期，令他就算返回西班牙也無法回復在瓦倫西亞的水平，自然也再沒有入選國家隊。

經過一個賽季後，就算有其他西班牙球隊向 Mendieta
招手，他也決定離開西班牙這個是非之地，選擇轉投偏遠的
英格蘭東北部球隊米德斯堡。在這座重工業城市，Mendieta
總算回復了一些昔日的風采，協助球隊贏得聯賽盃，也協助
球隊在歐洲賽獲得成績，可是到了後期因為傷患問題而缺席
了 2006 年歐洲足聯盃決賽，米德斯堡也落敗無緣成為歐洲
賽冠軍。

傷患問題令 Mendieta 在 2006 年下半年已經很少上場，
縱然後來傷愈了並決定留下來爭取上場機會，會方也斷言他
已經不在球隊計劃之中而沒有讓他上場。結果等到 2008 年，
Mendieta 在沒有上場一年半之後正式宣告退役。長髮飄逸
星味十足的他在退役後擔任電視球評，以及成為西甲賽會的
大使，代表賽會到世界各地宣傳西甲，年近半百卻風采依然。

被重壓擊敗的德國天才

Deisler

每當說起 Sebastian Deisler，只會令球迷感到無比嘆息。

Sebastian Deisler 在 1998 年首次為門興在德甲上場，他在邊路的突破和在中場的組織進攻都令人眼前一亮。無奈門興在那一賽季表現不佳，最終以聯賽榜最後一名降級，於是柏林赫塔將他羅致，令他繼續在德甲展現才華，也讓他獲得德國國家隊徵召。Deisler 代表德國參與 2000 年歐洲盃決賽圈，可是德國當時陷入嚴重的青黃不接，表現相當不濟，最終三場分組賽都沒贏球之下出局，Deisler 也沒有太多亮眼的演出。可是由於那時候德國太缺人才，稍後橫空出世的 Michael Ballack 當時仍然只是小角色，所以年僅二十歲的 Deisler 便成為整個德國足壇引頸以待的新希望，沒想到這一希望成為 Deisler 災難的源頭。

兵敗歐洲盃後，Deisler 在赫塔柏林不斷成長，在德國隊也佔據主力位置，本來是德國中場領軍人物。可是這時候傷患開始找他麻煩，他不斷受膝部傷患困擾而影響上場機會和表現，同時卻傳出拜仁慕尼黑已經跟柏林達成檯下交易，預先確定在 2001-02 年賽季後把 Deisler 帶到拜仁。事件令柏林球迷相當不滿，Deisler 也因此累積負面情緒。

惡性循環之下，Deisler 的膝部傷患更嚴重，令他無法參與 2002 年世界盃決賽圈。縱然還是處於受傷狀態，Deisler 還是完成轉會拜仁的程序，不過就算傷癒了，他也始終無法發揮外界預期的表現。結果不足一個賽季，Deisler 便證實患

上憂鬱症，需要接受心理治療。可惜心理治療似乎並沒有為他帶來很大的幫助，往後的日子他不斷在情緒病和膝傷的復發循環中受煎熬，昔日的國家新希望早已被遺忘，他也無法參與 2004 年歐洲盃決賽圈，縱然得以參與 2005 年洲際國家盃，也沒有什麼亮眼的演出，翌年的世界盃決賽圈，他再次因傷缺席，失去在自家門口再次證明自己的機會。

到了 2007 年 1 月，Sebastian Deisler 覺得很累，覺得已經受夠了，所以決定提早結束球員生涯，這時候他只有二十七歲。退役後的 Deisler 幾乎消失於大眾面前，只在退役後三年推出自傳，並數次在媒體中亮相。或許這才是 Deisler 希望渡過的生活，尤其是前隊友 Robert Enke 在 2009 年因憂鬱症而輕生，相比之下，Deisler 已經相當幸運。

戰神

Batistuta

245

90 年代至今，阿根廷出產了無數球星，而至今我認為阿根廷最好的前鋒就是 Gabriel Batistuta，沒有之一。身高達 185 公分的 Batistuta 擁有強壯身體，步大力雄，加上其強力的右腳，可謂集合了理想的前鋒條件。Batistuta 是唯一在兩屆世界盃上演「帽子戲法」的球員，因此被球迷稱為「戰神」。

Batistuta 曾在接受採訪時談到了自己職業生涯中唯一遺憾的事情，就是沒有能夠替阿根廷國家隊贏得世界盃冠軍：「我沒能做到這個，但我努力嘗試過了」。誠然在職業生涯中獲獎無數的巴迪高，代表阿根廷上陣 78 次，共進了在 56 球，進球效率更勝 Messi，可惜總是與世界盃冠軍無緣。1994 世界盃，巴迪高初次亮相，就在首場比賽上演帽子戲法，一鳴驚人。當年的阿根廷可算是球星如雲，有 Maradona、風之子 Caniggia、Redondo 和 Simeone 等好手，是當屆的大熱門。但隨後，Maradona 因為服用禁藥遭到禁賽，阿根廷隨即大失水準，最後 16 強賽敗於羅馬尼亞手下。

來到了 1998 法國世界盃，阿根廷擁有 Veron、Ortega、Sensini 和 Simeone 等球星，在法國踢出高水平足球。Batistua 又再一次上演帽子戲法。可惜在 8 強對上了荷蘭，最後被 Bergkamp 在 90 分鐘的絕殺進球淘汰，Batistua 再次飲恨。2002 世界盃，阿根廷同樣是冠軍的熱門，雖然 Batistuta 已屆遲暮之年，但國家隊還有 Lopez、Ortega、Veron 和 Pochettino 等好手助陣。可惜阿根廷在小組賽表現失準，先輸給了死對頭英格蘭，再和瑞典打平，最後黯然出局。早段已被換出的 Batistua 只能在場邊看著球隊遭到淘汰，奪冠夢想幻滅，堅毅的戰神也忍不住流下了英雄淚。面對命運弄人，戰神也無力回天。

烏拉圭王子

法蘭斯哥利(Enzo Francescoli)

帶點遺憾的球星

　　今日介紹的人物是球王 Zidane 的偶像，皇家馬德里總教練 Zidane 曾經表示，自己的球風深受他影響，而長子命名安素（Enzo）的原因，亦是為了向他致敬。他就是大名鼎鼎的烏拉圭球星法蘭斯哥利（Enzo Francescoli）。80 年代出道，兩年後轉投阿根廷豪門河床，法蘭斯哥利在阿根廷大展光芒，3 年間上陣 113 場射進 68 球，替球會聯賽冠軍之餘，個人也榮膺阿根廷和南美足球先生，被視為當時南美洲最佳的進攻中場。法蘭斯哥利因其優雅瀟灑踢法，加上俊朗的外表，令他得到「王子」的稱號。

　　1986 年，在阿根廷取得成功後，24 歲的的法蘭斯哥利登陸歐洲球壇，加盟法甲球隊巴黎競賽。可惜好景不常，1989 年球會出現財政問題而破產，法蘭斯哥利也轉投另一法甲球隊馬賽。雖然只效力了馬賽一季，卻成為法蘭斯哥利足球生涯的高峰，於 28 場聯賽中取得了 11 個進球，助球隊奪得該季法甲聯賽冠軍，並殺入歐冠聯 4 強。在國家隊方面，法蘭斯哥利曾助烏拉圭三奪美洲盃冠軍。可惜兩度帶領國家隊殺進世界盃決賽圈，都只能在 16 強止步，未竟全功。究其原因，1986 及 1990 兩屆世界盃，烏拉圭陣中出色的球員並不多。如果當時陣中有 Cavani、Suarez、Godin 等好手，情況當然不同。時也命也，英雄也會受時勢所限。

　　退役後的法蘭斯哥利生活依然精彩，在商界長袖善舞，目前是大型體育傳媒集團的老闆。

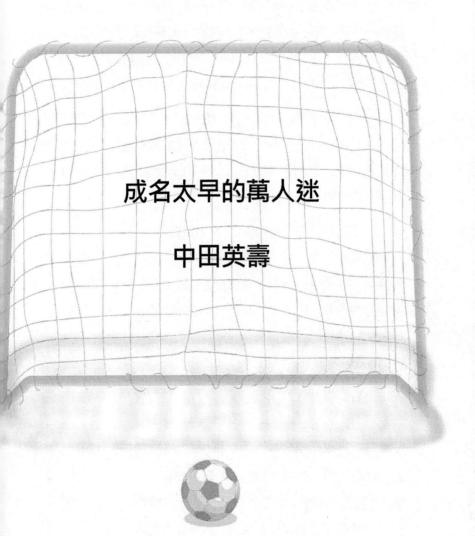

成名太早的萬人迷

中田英壽

　　一代日本足球巨星中田英壽曾登陸義甲及英超兩大足球聯賽，在 29 歲時中田突然宣布退休。當時在球壇也引起不少聲音，質疑正處於球員黃金期的中田英壽為甚麼毅然掛起球靴？

　　司職進攻中場的中田英壽 18 歲時在湘南比馬出道，並迅速成為隊中主力。年僅 20 歲就入選日本國家隊，在 1997 年贏得日本足球先生、1997 和 1998 年成為亞洲足球先生，風頭一時無兩。

　　在 1998 年法國世界盃，中田英壽的優異演出引起不少歐洲球會的注意。世界盃結束後，中田加盟了義甲老牌球會佩魯賈。在義甲第一季上陣 33 場攻進 10 球，一鳴驚人。之後中田轉投豪門羅馬。在 2000/01 球季，擁有 Totti、Batistua 等猛將的羅馬一舉贏下義甲冠軍。中田也是首位亞洲人贏下這項殊榮。

　　之後中田的狀態開始下滑，並在 2005/06 加盟英超的博爾頓。效力一個球季，收獲一個進球，表現平平無奇。2006 世界盃，也是中田第三度出征世界盃，可惜日本三戰一平兩負，緣盡德國。他在 2006 年七月宣佈退役，當時他只有 29 歲。因為個人因素，中田並沒有參與 2000 年和 2004 年亞洲盃，連續兩屆失去了隨日本隊贏得冠軍的機會。因此他在國際賽上並沒有贏過甚麼大獎。

多年後，中田英壽在媒體訪問時終於道出他退休的原因，答案就是「對足球失去激情！」

中田的性格孤僻，特立獨行，加上成名太早，成功來得太快太容易，稍微在點狀態下滑或不如意時，容易放棄。而且擁有一副明星相的中田，十分酷愛時裝，他曾對記者說：「當我在義大利時，我每天都努力練球，以求精進球技；在那兒，我也每天練習著讓自己更時尚。」

這樣當然也會讓中田不能專注於足球事業上。如果中田英壽一路堅持，或許能帶領日本在 2010 世界盃走得更遠。畢竟那時他才 33 歲。

君子劍

Redondo

　　若要選阿根廷最出色的防守中場，筆者第一時間會想起 Fernando Redondo。1969 年出生的 Redondo 成名於阿根廷球會阿根廷青年隊。在 1994 年加盟豪門皇家馬德里。Redondo 在皇馬度過了 6 個賽季，其職業生涯也在此達到巔峰，包括贏得 2 次歐冠冠軍和 2 次西甲冠軍。

　　作為防守中場，Redondo 的風格並不是勇猛兇狠型。相反，他的球風可算十分瀟灑，個人技術出色。在球場上最經典一幕是在 1999-2000 球季歐冠聯賽 8 強賽作客老特拉福球場對衛冕冠軍曼聯時，Redondo 以一次精彩絕倫的表演震驚全場。52 分鐘，他運球到對方半場左邊路，突然左腳後跟一敲把球從曼聯後衛背後直衝底線，人球分過擺脫 Berg。然後在輕鬆傳中，後插上前的 Raul 一射入門。

　　在其職業生涯後期，Redondo 加盟了 AC 米蘭。但不斷受傷患困擾，兩年多時間內一直無法為紅黑軍團上陣。光明磊落的 Redondo 主動要求停薪，因為自愧無法為球隊作貢獻。

　　在國家隊，Redondo 同樣表現出色。1994 年美國世界盃，Redondo 初次啼聲就一鳴驚人。和 Maradona、Simeone 組成黃金中場，再加上 Batistuta，讓球迷相當有期待。可惜受到 Maradona 禁藥風波影響，令隊中士氣大跌。十六強賽黯然敗在當屆黑馬羅馬尼亞手上。1998 年，由於 Redondo 不服從總教練 Passarella「球員一律不準留長頭髮」

的規定，因此缺席該屆世界盃，而阿根廷亦於八強止步。可是，Redondo 卻於國家隊出局之後，立刻剪短自己那把長頭髮，以諷刺 Passarella。不少阿根廷球迷相信，如果 Redondo 有參賽，掌管中場，加上新星 Veron 和 Batistuta，球隊絕不會輸給荷蘭。因此 Redondo 只參加了一屆世界盃決賽圈，使他在國際賽上的成績遠不如球會上。

既生瑜 · 何生亮

Toldo

　　九十年代義大利門神 Toldo 曾被譽為九十年代末最佳門將，他成名於義甲費倫提那。當時慧眼識英雄，一手把 Toldo 帶進紫百合的伯樂正是 Claudio Ranieri，他一手為國家發掘了一位優秀門將。原踢右後衛的 Toldo 13 歲開始轉為守門員，他視義大利傳奇門將 Zoff 為偶像。身高達到 1 米 96 的 Toldo 擁有理想門將的身材，他的特點是水準穩定，腳底技術不錯，反應靈敏，尤其擅長撲救十二碼球。

　　Toldo 其實是 AC 米蘭的青訓產品，但球員生涯從未為紅黑軍在正式比賽上陣。在 1993 年 Toldo 加盟當時仍是義乙的費倫提那。遺憾的是作為當時最出色的義甲門將之一，Toldo 從未為紫百合贏取義甲聯賽冠軍。2001 年 Toldo 轉會到國際米蘭，並在藍黑兵團渡過其職業生涯的黃金歲月。在國際米蘭 9 個賽季中共上陣 147 場，為球會贏下了 5 次義甲冠軍及 1 次歐冠冠軍，成就斐然。

　　然而 Toldo 的國家隊生涯就沒有球會那麼順遂，因為差不多同一時期，義大利冒起了另一位天才門將 Buffon。Toldo 的國家隊生涯大部分是擔任 Buffon 的替補，除了一次例外。在 2000 歐國盃決賽圈前夕，Buffon 手部骨拆，無法比賽，給了 Toldo 一個千載難得的機會。Toldo 也不負眾望，6 場比賽的正式比賽時間內只失掉了 3 球。尤其是四強賽，義大利對上荷蘭，Toldo 的表現如有神助，3 次擋出荷蘭的十二碼球，一手把義大利帶進決賽。可惜最後敗給法國，未竟全功。而在 2004 年後，Toldo 宣告退出國家隊，專心於球會比賽上。天意弄人，義大利在 2006 年贏得世界盃冠軍，Toldo 因此錯過了一個世界盃冠軍獎牌。

剎那光輝

Sammer

Matthias Sammer 是德國足球名宿，也是少數曾經代表東德以及德國足球代表隊的球員。1967 年 9 月 15 日出生於東德德勒斯登，Sammer 在場上主要是擔任清道夫後衛，但同時他也經常參與進攻，曾被譽為自大帝 Franz Beckenbauer 後德國最出色的「自由人」，Sammer 可謂集合了速度，技術和拼搏精神於一身，在球場上展現出的智慧和力量近乎完美。

出身自東德球會德勒斯登迪那摩(1987-1990 年)，Sammer 在德國統一後加盟了德甲的斯圖加特，也曾短暫效力過義甲國際米蘭(1992-1993 年)。而 Sammer 職業生涯最輝煌的時光則在多特蒙德(1993-1998 年)渡過，他替大黃蜂贏下了 2 次德甲冠軍和 1 次歐冠冠軍。

而讓 Sammer 聲名遠播的則是 1996 年歐國盃比賽，其出色表現，完美地詮釋了自由人這個位置。他率領德國一路殺進決賽，並成功奪冠而歸，Sammer 和德國隊隊友們在倫敦溫布利球場捧起德勞內盃。Sammer 也獲選為當屆賽事的最佳球員。可惜天意弄人，當 Sammer 足球事業到達巔峰時，卻受到膝傷的困擾。因為傷患一直無法根治，Sammer 也無法回復以往的比賽狀態，最後在 1998 年宣布退役，當時他只是 31 歲不到。至退役時，Sammer 共參加了 74 場國家隊比賽，其中為東德出場 23 次，共取得 14 個進球。這進球數對後衛來說，是不可思議的，也反映了 Sammer 攻守兼備的特色。

2006 年，Sammer 成為德國國家隊的技術總監。2012 年，他獲聘為拜仁慕尼黑的體育總監。現時 Sammer 是多特蒙德的顧問。

彈簧人

Paolo Maldini

出身自足球世家的 Paolo Maldini 是義大利球壇的代表人物，其父為 Cesare Maldini 是著名的職業足球員以及總教練。而 Paolo Maldini 更是青出於藍，成就更勝其父。司職左後衛的 Paolo 代表義大利上陣達 126 次；職業生涯中只效力 AC 米蘭一間球會，在其 25 年球會生涯中，Maldini 獲獎無數，包括 7 次義甲聯賽冠軍和 5 次歐聯冠軍，成就斐然。

Maldini 擁有純熟的個人技術，防守穩健，鮮有犯下低級錯誤。而且他攔截果斷準繩，貼身防守甚專注，很少用上粗爆犯規去阻擋對手。這名擁有 1 米 87 身高的後衛彈跳力驚人，頂上功夫不俗，故有「彈簧人」外號。

年少成名的 Maldini 於 1988 年 3 月對上南斯拉夫的友賽中首次為國家隊上陣，並獲時任國家隊主帥 Vicini 賞識而入選 1988 年歐國盃，助球隊晉身 4 強。自此 Maldini 就成為國家隊後防不可或缺的一員。多年來為國家隊東征西討，曾為義大利出戰過 4 次世界盃及 3 次歐國盃。可惜的是，Maldini 一直與國際賽的獎盃無緣。最好成績的只是得到世界盃亞軍（1994 年）和歐國盃亞軍（2000 年）。1994 年世界盃，表現成熟的 Maldini 在賽事中與 Baresi、Costacurta 等合作無間。是球隊殺進決賽的重要功臣，可惜球隊於決賽互射 12 碼不敵巴西而屈居亞軍。2000 年歐國盃，Maldini 以隊長身份帶領球隊沿途過關斬將晉身決賽。於決賽面對法國，於領先一球下，完場前一刻被對手前鋒 Wiltord 射進扳平，令比賽進入加時，再於加時上半場完結前被對手的 Trézéguet 射入「黃金進球」而功虧一簣。

天意總愛弄人，Maldini 在 2002 年宣布退出國家隊後，義大利就在 2006 年贏下了暌違了 24 年的世界盃冠軍。

天才橫溢

Stojković

現時為塞爾維亞國家隊主帥的 Stojković 來頭不小，在 16 歲時就加入了家鄉球會尼什拉德尼奇基的一隊，並旋即成為球隊主力球員。更憑天才橫溢的表現，18 歲便首次代表南斯拉夫國家隊上陣。隨後更代表南斯拉夫出戰 1984 年歐國盃。Stojković 擁有進球中場所需要的條件：個人技術細膩、傳送精準、擁有良好視野，而且處理罰球的技術也十分出色。是 90 年代球壇其中一位天才進攻中場。1986 年，21 歲的 Stojković 加盟了國內豪門貝爾格勒紅星，並為球隊贏得過 2 次聯賽冠軍及 1 次南斯拉夫盃冠軍。

1990 年世界盃，Stojković 的精湛演出成功吸引了世界廣大球迷所關注。在 Stojković 帶領下，南斯拉夫打敗西班牙殺進 8 強，Stojković 更在比賽中梅開二度。世界盃賽事後，當時的法甲豪門賽斥巨資從紅星簽入這位球星。可惜效力馬賽 4 個球季中，Stojković 並未能成為球隊主力，期間收獲了一次歐聯冠軍。其後馬賽陷入假波風波，更被降級到法乙。Stojković 也黯然離隊他投。在 1994 年，Stojković 毅然登陸了剛成立不久的日職聯賽，加盟傳奇教練 Wenger 所執教的名古屋鯨八。此後，Stojković 留在名古屋鯨八直到 2001 年退役為止。

可惜縱然擁有精湛球技，但因 Stojković 所效力的球隊都是實力有限，他也並未效力過歐洲四大聯賽的球會，因此他所贏得的獎項並不多。因為南斯拉夫受到禁賽，讓 Stojković 無法參加 1992 年的歐國盃，無法在狀態最巔峰時期出戰國際賽。反而退役後，Stojković 的執教成績不錯，在 2010 年，Stojković 帶領名古屋鯨魚贏下首次日職冠軍。就讓我們拭目以後 Stojković 執教塞爾維亞的表現吧。

全能足球員

Gullit

　　Gullit 早年出身於荷蘭聯賽小球會哈亞林，1982 年加盟飛燕諾，三年後轉投 PSV 安多芬。而讓廣大球迷所認識應該是 Gullit 效力 AC 米蘭期間。1987 年，Gullit 以破世界紀錄的轉會費六百萬鎊從 PSV 安多芬加盟義甲豪門 AC 米蘭，他配合後來加盟的荷蘭球員 Rijkaard 和 van Basten，組成了著名的「荷蘭三劍客」。在三人效力 AC 米蘭期間，球會贏得了三個義甲冠軍、兩個歐聯冠軍，風頭一時無量。

　　Gullit 球風硬朗，步大力雄卻變速驚人；頭球、盤扭、傳球、以及攻門防守俱佳，加盟 AC 米蘭後表現個人全能足球風格，光芒四射，由清道夫至前鋒都能勝任。不過 Gullit 比較多擔任中場位置。在 AC 米蘭效力期間，是 Gullit 職業生涯的全盛時期，他個人就獲得了 1987 年歐洲足球先生和 1987 年、1989 年世界足球先生的獎項。

　　在國家隊方面，1988 年 Gullit 為以隊長身份帶領荷蘭奪得歐洲國家盃，是荷蘭暌違多年的大賽冠軍，使 Gullit 成為了家傳戶曉的球星。來到了 1990 年世界盃，當荷蘭球迷雄心勃勃，想一舉拿下首次世界盃冠軍時，結果卻讓大家失望。受到傷患困擾，「荷蘭三劍客」未能發揮應有水準，結果在 16 強時被當屆冠軍西德淘汰。4 年後的美國世界盃，雖然 van Basten 退休，但有冰王子 Bergkamp 冒起，理論上一剛一柔，配合 Gullit 攻堅應是絕配。可惜最後 Gullit 因和總教練意見不合賽前離隊，是他球員生涯一大污點。荷蘭當屆靠 Bergkamp 單天保至尊，於 8 強以 2：3 僅敗於當屆冠軍巴西，若加上 Gullit 則勝敗猶未可知。職業生涯中獲獎無數的 Gullit 未能替荷蘭贏下一座大力神盃，可謂其職業生涯中的一件憾事。

威爾斯巫師

Ryan Giggs

　　Ryan Giggs 在英國卡地夫城出生，是英超豪門曼聯的名宿之一。出生時曾隨父親姓 Wilson，後隨母親姓 Giggs。他整個足球職業生涯全部奉獻給曼聯，是效力曼聯年期最長既球員。在曼聯 24 個球季，由 1990 至 2014 年期間，共為曼聯上陣 963 場。天才橫溢的 Ryan Giggs 在家鄉的 Dean's Youth FC 展開其多姿多彩的足球事業。14 歲時，球隊總教練 Denis Schofield 推薦 Giggs 加入曼城的傑出運動員學校（School of Excellence），時任曼聯總教練 Alex Ferguson 收到消息後，馬上親自上門造訪，游說 Giggs 加入他們的青年隊。自此，Ryan Giggs 就展開他在曼聯的輝煌職業生涯。

　　作為曼聯黃金一代「七小福」成員，搭檔包括 David Beckham、Paul Scholes 和 Nevilles 兄弟等。相信仍然有很多球迷記得 Giggs 在邊線高線推進，然後傳中給隊友射門的畫面。Giggs 擁有左翼鋒所需要的一切條件：快速、盤球技術出眾、準確既傳中球，是現代翼鋒的典範。Giggs 於曼聯所取得既重要賽事獎項超過 20 個，包括 1998/1999 年的三冠王。個人獎項也超過 10 個，包括威爾斯足球先生，英格蘭 PFA 足球先生等等。

　　因為 Giggs 選擇代表威爾斯出戰國際賽，是威爾斯國家隊隊長。但那時代的威爾斯整體實力不強，好的球員不多，至使 Giggs 在國際賽的成就有限。他從未帶領威爾斯打進重要大賽的決賽圈，這可說是其足球生涯唯一既遺憾。假如 Giggs 出生晚 10 年，配合上現在威爾斯的一眾好球員如 Gareth Bale 和 Aaron Ramsey 等，在國際大賽相信可以幹出一番成績。

芭蕾王子

Marco van Basten

Marco van Basten 是 90 年代其中一位最偉大和全面的前鋒，他的外號是芭蕾王子，因為他的球風優雅，踢球動作就如跳芭蕾舞一樣，讓人賞心悅目。

van Basten 年少成名，青年時代為阿賈克斯青年軍成員，僅 17 歲就首次代表荷甲豪門阿賈克斯成人隊比賽。很快 van Basten 就成為球隊的攻進核心。在 1982 至 1985 年 3 個球季，他在聯賽射進 59 球，協助球會贏得三次荷甲冠軍。van Basten 連續 4 個球季成為荷甲神射手，這成就前無古人。

van Basten 突出的表現當然吸引到歐洲大豪門的注意。1987 年，van Basten 與同鄉 Ruud Gullit 一同轉會至義甲的 AC 米蘭。再加上後來加盟的 Franklin Rijkaard，三位荷蘭人組成了著名的「荷蘭三劍客」，van Basten 也開始了他足球生涯中最輝煌、最燦爛的一頁。

在米蘭期間，van Basten 替球會贏得 3 次聯賽冠軍、2 次歐洲聯賽冠軍，戰績彪炳炳。此外，van Basten 在 1988 年、1989 年和 1991 年 3 次被選為「歐洲足球先生」，1992 年更被英國《足球世界》雜誌評為「世界足球先生」。

正當球迷們期待這位正處於生涯巔峰的球星接下要譜下的輝煌歷史時，van Basten 卻如同櫻花一般，盛放後極速凋零。時間來到了 92/93 賽季歐冠決賽，對手是法國勁旅馬賽。比賽進行到 51 分鐘，馬賽後衛 Basile Boli 一次兇狠的背後

飛鏟，重創了 van Basten 的腳踝。所謂造物弄人，之後 van Basten 陸陸續續經過了四次手術仍然沒有好轉，傷患讓 van Basten 不得不宣布退休。當年 van Basten 只有 28 歲。

　　van Basten 是世界足壇最具悲情色彩的球員。有人說，若不是傷病，他可能超越荷蘭名宿 Johan Cruyff，甚至帶領荷蘭贏下首座世界盃獎盃。可惜，現實是人生沒有如果。

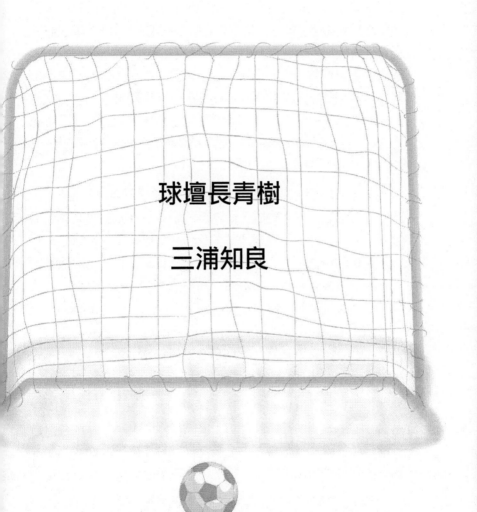

球壇長青樹

三浦知良

　　三浦知良，一個在日本家傳戶曉的名字。他在日本足壇地位舉足輕重，也是世界球壇有名的長青樹。年屆 54 歲的他仍在日本頂級足球聯賽上競技，目前效力橫濱 FC。雖然不是球隊的正選球員，但他仍保持著「世界最年長進球者」的吉尼斯世界紀錄。三浦知良在靜岡縣的一個足球世家長大，他的父親則是一個狂熱的足球迷。因為三浦知良的父親在巴西有人脈，於是三浦知良在 15 歲時就從靜岡退了學，前去巴西學法。

　　1994 年，他以租借形式加盟義大利的熱那亞，成為第一個在義甲效力的日本球員。日本足球記者 Sean Carroll 甚至說「三浦知良和日本職業足球的誕生和發展實質上是連在一起的。他的地位等同馬拉多納在阿根廷。有整整一代的職業球員，或者甚至兩代，都會說三浦是他們小時候的榜樣。」

　　可是世界盃可說是三浦知良足球生涯中的一個遺憾。1997 年，日本征戰世資格賽以衝擊法國世界盃，期間三浦知良共為日本射進 14 球，最終日本歷史第一次打入世界盃決賽圈。可是在 1998 年，世界盃決賽圈開打前，總教練岡田武史因為戰術調配關係，竟然把「國寶」三浦知良排除在最終的 23 人名單。岡田武史表示，日本因為實力不強，因此會採用防守戰術為主，他寧願帶三位門將前往法國。最終日本的第一次世界盃之旅成績是三戰三負，在小組賽出局告終。

　　到了 2002 年的世界盃由日本韓國共同主辦，參加本土世界盃可能是每個球員的夢想之一，不過當時日本隊鋒線人才濟濟，35 歲的三浦知良也沒有入選最後名單。沒有參與過世界盃決賽圈可說是三浦人生中一大憾事。

獅子王

Luis Figo

　　葡萄牙足球明星 Luis Figo 技術出眾，招牌絕技是盤扭到對方底線，然後交出精準傳中球，助攻己隊前鋒射門。由 1991 年起，Figo 開始受到外界注目，因為那一年他所帶領的葡萄牙成為世青盃冠軍。1995 年，Figo 登陸西甲，效力豪門巴塞隆納。憑藉個人實力，Figo 很快就成為球隊的主力成員。短時間內，Figo 已經受到無數巴塞球迷的愛戴。在巴塞隆納的 5 個球季，Figo 幫助球會拿下了兩個西甲冠軍和歐洲盃賽冠軍盃冠軍。

　　在 2000 年，Figo 突然轉會到巴塞隆納的皇家馬德里，成為銀河兵團首個重要收購，亦被一眾曾經擁護他的巴薩球迷視為叛徒。2002 年 Figo 重臨諾坎普球場，整場比賽巴薩球迷不斷向 Figo 投擲豬頭等雜物及高聲叫罵。事隔多年後，Figo 透露當時轉會的原因是當時巴塞隆納的主席對他不好，故令他氣憤難平，覺得自己的價值沒有得到球會認可。在皇家馬德里，Figo 仍然光芒四射，而且變得更有激情。他贏得了 2000 年金球獎，也是世界足球先生，還有聯賽冠軍和歐聯冠軍，其足球事業在此達到了顛峰。

　　雖然在職業生涯相當成功，可惜 Figo 在國家隊就顯得力不從心。相對起銀河艦隊星光熠熠的陣容，當時的葡萄牙國家隊就顯得相映成拙。Figo 參與過 1996 年及 2000 年歐洲國家盃和 2002 年日韓世界盃，可是因當時國家隊實力所限，主要是欠缺一名高效率的前鋒，讓 Figo 無法發揮其助攻能力。因此 Figo 始終未能為葡萄牙贏得任何正式大賽錦標。在替葡萄牙取得 2006 年世界盃第四名後，Figo 亦宣佈退出國家隊。終其傳奇的足球生涯，這可算是一個小小的遺憾。

中場大師

Rui Costa

　　傳奇葡萄牙球星 Rui Costa 在球員時代主要司職攻擊中場。他曾被喻為世界最佳攻擊中場，也是葡萄牙「黃金一代」成員之一。Rui Costa 以其寬廣的視野和精準的傳球技術而聞名，被稱為「大師」(maestro)。

　　Rui Costa 自小已經天才橫溢，10 歲時，他投考班菲卡青年軍，只過了 10 分鐘，便獲得賞識而錄取。年僅 19 歲就開始代表班菲卡一隊比賽，並逐漸成為球隊的中前場重心球員。效力球會的 4 個球季裡，Rui Costa 替球隊先後奪得一次葡萄牙盃冠軍及一次葡超聯賽冠軍，成為歐洲球壇注目的年青新星。

　　義甲的佛倫提那於 1994 年引入這名 22 歲中場。來到了當時世界足球水平最高的聯賽，Rui Costa 並沒有怯場，反而用穩定表現迅速在球隊站穩陣腳。Rui Costa 的創造力與獨到的傳送為「紫百合」的阿根廷射手 Batistuta 製造源源不絕的進球機會。礙於球隊其他球員的實力平平，雖未能挑戰義甲聯賽冠軍寶座，但兩人仍協助球會兩奪義大利盃冠軍，也使到「紫百合」成為歐洲賽的常客。

　　2001 年夏天，Rui Costa 以巨額轉會費加盟 AC 米蘭。在 AC 米蘭效力 5 個賽季，他達到職業生涯榮譽的頂峰，共協助球會贏得一次歐洲冠軍聯賽冠軍、一次歐洲超級盃冠軍和一次義大利足球甲級聯賽冠軍。

　　國際賽方面，雖然 Rui Costa 天才橫溢，但由於當時葡萄牙國家隊實力未算太完整，加上運氣問題，因此 Rui Costa 也只是代表葡萄牙參加了一次世界盃決賽圈。時為 2002 年日韓世界盃，為了遷就亞洲地區的雨季而提早於 5 月底開始。葡萄牙一眾球員年紀都偏大，在聯賽剛結束後，就要匆匆趕往亞洲比賽。結果葡萄牙球員於賽事中疲態畢露，3 場小組賽只得 1 勝 2 負，屈居於韓國與美國之下，黯然出局。這樣草草地踢完首次也是唯一的一次世界盃，相信成為 Rui Costa 一生的遺憾。

失意射手

Jean-Pierre Papin

　　80 年代中至 90 年代初的法國陣中出現過一名極具份量的射手，他正是 Jean-Pierre Papin。Papin 雖然個子不高，但動作敏捷，跑位靈活，射術精湛，是名多產射手。

　　Papin 成名於法甲。1986 年夏天，年僅 23 歲的 Papin 加盟當時正要大展拳腳的法甲球會馬賽。於效力馬賽的 6 個球季期間，是 Papin 球員生涯的巔峰。這名法國前鋒曾連續 5 季成為法甲聯賽神射手。他更是球隊成為法甲聯賽 4 連冠的功臣。1991 年，憑著整季的高水準演出，Papin 於該年獲獎無數，包括繼 1989 年後再次榮膺法國足球先生殊榮、歐洲足球先生等，風頭一時無兩。

　　1992 年夏天，事業漸走下坡。Papin 獲義甲勁旅 AC 米蘭以 800 萬鎊羅致。當時義甲有外援名額限制，加上陣中本已擁有「荷蘭三劍俠」，於競爭激烈的情況下，Papin 未能得到太多上陣機會。1994 年夏天，Papin 離開 AC 米蘭，轉投德甲豪門拜仁慕尼黑，但同樣未能躋身正選，讓這名射手落得英雄無用武之地。

　　Papin 早於 1986 年就獲法國隊徵召入伍，之後更成功入選國家隊的 1986 年世界盃大軍名單。Papin 更於決賽圈中取得了兩個進球，助球隊成為賽事季軍。只是國家隊接連缺席 1988 年歐國盃、1990 年和 1994 年世界盃，令 Papin 遲遲未有機會再於國際大賽舞台上獻技。直到 1992 年歐國盃 Papin 才再次於國際大賽中出戰。雖然於賽事中取得兩個進球，但未能阻止球隊於小組賽出局。之後新總教練上任，棄用一些紀律不佳及走下坡的球員，Papin 不幸是正是其中一員。自 1994 年 12 月於歐國盃資格賽作客對亞塞拜然後便絕跡於國家隊，多年來曾為國出戰過 54 場，取得了 30 個進球。

冰王子

Dennis Bergkamp

Dennis Bergkamp 被認為是當代最出色的前鋒之一。2007 年，Bergkamp 入選英格蘭足球名人堂，只首位和唯一一位入選的荷蘭足球員。

1995 年，Bergkamp 轉會至英超豪門俱樂部兵工廠，展開其職業生涯的巔峰時期。他協助槍手贏得三次英超冠軍及四次英格蘭足總盃冠軍，亦曾帶領球隊於 2006 年打進歐洲冠軍聯賽決賽，此場比賽也是 Bergkamp 的球員生涯中最後一場正式比賽。無奈球隊最終以 1-2 敗於巴塞隆納腳下，也讓 Bergkamp 沒法再增添一個重要獎牌。

Bergkamp 沒有驚人的速度，又沒有特別強壯的身體質素，但他的技術十分細膩，而且是一名智慧型的前鋒，不但有著絕頂的把握力，同時創造能力也十分高超。Bergkamp 和很多荷蘭傳奇球星一樣，也是出身於阿賈克斯的青訓系統。效力了阿賈克斯 7 個球季，Bergkamp 連續三賽季獲得荷甲神射手的榮譽。不久後，Bergkamp 以 710 萬歐元轉投國際米蘭，但可惜他未能適應義甲的節奏，短短效力了兩個球季就黯然離開。這時，時任兵工廠總教練 Wenger 慧眼識英雄，向 Bergkamp 伸出橄欖枝，一手把他帶去倫敦。

Bergkamp 第一次國際大賽經歷是參加 1992 年歐洲國家盃。Bergkamp 當屆表現出色，個人取得三球進球，成為球隊神射手，但是荷蘭爆冷不敵黑馬丹麥，遺憾地止步於四強。1994 年世界盃對 Bergkamp 來說也是個不錯的回憶，

無奈荷蘭最終不敵當屆冠軍巴西，但 Bergkamp 也射進了一個漂亮的進球。在 1998 年法國世界盃中，Bergkamp 雖然取得 3 個進球。不過，如同 4 年前一樣，荷蘭最終又一次倒在了巴西腳下。2000 年歐洲國家盃，這也是荷蘭國家隊近年來表現最好的一次。他們打出了漂亮的全攻全守足球。但命運弄人，荷蘭在十二碼戰不敵當屆亞軍義大利。比賽後，Bergkamp 宣布退出國家隊。相對於在俱樂部的輝煌成績，Bergkamp 在國家隊的成就可謂暗淡無光。

流氓天才

Paul Gascoigne

　　Paul Gascoigne 曾被譽為英格蘭最有創造力的中場球員，是 90 年代成為英國體育界的代表人物。談起 Gascoigne，你會聯想起甚麼？是金童、天才？也可以是酒精、傷患、脾氣等等。球迷們相信不會忘記他在 1996 年歐國盃，面對蘇格蘭時一記技驚四座的進球：當時在蘇格蘭禁區頂被 Gascoinge 拿到皮球，他左腳第一時間將皮球剔高越過對方守衛，然後球不著地第一時間右腳抽射入網。這更被譽為歐國盃史上其中一個最佳進球。

　　Paul Gascoigne 成名於紐卡素爾青訓隊，球場判斷力渾然天成，腳下技術細膩，傳送眼光精準無比，註定了他日後一定能夠成為主宰比賽的組織者。二十歲不到，Gascoigne 已經是紐卡素爾球迷的寵兒。不過他也犯了不少年輕球員都會犯的毛病：年少成名，樹大招風。

　　不久後，倫敦豪門熱刺向 Gascoigne 送上橄欖枝，簽約 4 年，週薪從 120 鎊加到 1500 鎊。此後 4 年間，Gascoigne 在倫敦度過生涯最高峰。可能因為要應付比賽壓力，Gascoigne 開始酗酒，他曾經在交通意外後不顧而去，醉酒鬧事的新聞更是不計其數。頹廢的生活，連帶暴增的體重，對其體育生涯造成重擊。之後 Gascoigne 輾轉被賣到義甲拉齊奧和蘇超的格拉斯哥流浪者。但一路他也沒法擺脫酗酒問題，表現也乏善足陳。為了參加世界盃，Gascoigne 在 1998 年 3 月回流英格蘭東北，加盟米德斯堡，但最後還是沒能與

隊友們一同殺進四強，當時年僅 31 歲。最後窮途末路之下，
Gascoigne 在 2002 年 7 月與英乙的波士頓聯簽下了球員兼
教練合約，代表球隊參加了 11 場比賽中的 5 場，沒有進球。
這也是他最後一次參加職業足球比賽。

　　曾經是一顆被譽為金童的潛力新星，但在不到 25 歲的
年紀就醜聞纏身，最後草草了結職業生涯。退役後更是生活
潦倒，要球圈中人幫忙接濟，讓人惋惜不已。

保加利亞重炮

Hristo Stoitchkov

　　保加利亞國家隊於 1994 年美國世界盃一鳴驚人。先在小組賽打敗勁旅阿根廷，之後在 8 強更淘汰了德國，震驚世界球壇。球隊一路挺進到 4 強才敗於由神奇小馬尾 Roberto Baggio 領軍的義大利。當屆保加利亞取得好成績的功臣，則是首推前鋒 Hristo Stoitchkov。

　　Stoitchkov 16 歲時於保加利亞國內第 3 級聯賽球隊 FC Hebros 出道。很快，Stoitichko 出色表現吸引到國內豪門索菲亞中央陸軍的注意，並於 1984 年把其羅致。Stoitichko 迅速成為球隊的進攻核心。效力中央陸軍的 6 個賽季，Stoitichko 協助球隊奪得 3 次保加利亞甲組聯賽冠軍，更於 1989/90 年度球季中以 30 個聯賽進球成為該季歐洲金靴獎得主。當然，也引起歐洲大球會的注意，最終西甲勁旅巴塞隆納在 1990 年以 200 萬鎊簽入這名 24 歲前鋒。

　　在主帥 Cruyff 的麾下，Stoitichko 受到重用，並擔起球隊進球得分的責任。再配合當時陣中的丹麥球星 Michael Laudrup、西班牙的 Julio Salinas 及中場新星 Josep Guardiola 等好手，成功幫助球會稱霸西班牙，於 1990 至 94 年成為西甲四連霸。更於 1992 年助球隊於決賽中擊敗義甲桑普多利亞而首奪歐冠冠軍。這名保加利亞球星效力巴塞的 5 個球季中，為球隊於各項賽事中合共上陣了 214 場，取得了 107 個進球，成績斐然。

年少成名的 Stoitichko 於 1987 年 9 月首次為國家隊披甲上陣。他在 1994 年世界盃技驚四座，個人獨取 6 個進球，更贏下當屆賽事金靴獎的殊榮。來到了 1998 年世界盃，由於球隊青黃不接，令年紀漸長的 Stoitichko 顯得獨力難支，未能帶領球隊再創佳績。賽事中 Stoitichko 一球未進，球隊也只能小組賽黯然出局。使保加利亞在國際賽的成績只得曇花一現。

球壇萬人迷

David Beckham

　　萬人迷、球星、模特兒、罰球王⋯⋯這些都適合形容英格蘭足球代表人物 David Beckham。他可謂集萬千寵愛於一身，出道到退役都深受英格蘭以至世界球迷所喜愛。

　　Beckham 出身自曼聯青訓系統，同期的小將有 Butt、Giggs 、Neville 兄弟、和 Scholes 和 Gillespie。對！他們就是著名的「曼聯七小福」，撐起曼聯九十年代皇朝的重要人物。作為中場指揮官，David Beckham 最讓人讚譽的當然是其準確傳送和處理罰球的能力，另外他也是體力充沛、鬥志旺盛的球員。

　　在其輝煌的職業生涯，David Beckham 獲獎無數，幾乎贏盡了所有錦標，包括 1999 年曼聯的三冠王，皇馬時期的西甲冠軍。甚至之後他轉投洛杉磯銀河，也幫助他們贏得美職聯冠軍。

　　Beckham 在 1998 年首次參加世界盃，在 16 強面對阿根廷時，Beckham 在下半場因一次報復 Simeone 的侵犯，被裁判以紅牌驅逐離場，也間接使英格蘭無法打敗阿根廷而出局。回國後 Beckham 也成為批評的箭靶。不過他並沒有自暴自棄，繼續用表現來證明自己。2001 年世界盃資格賽，英格蘭對希臘，Beckham 在最後一分鐘射進一球妙到顛毫的罰球，堪稱以一己之力，把英格蘭帶到 2002 年世界盃決賽圈。但受到傷患困擾，儘管在對阿根廷賽事中射進了一個十

二碼，成功打敗阿根廷 1 比 0。但也無法帶領球隊打敗巴西，只能在 8 強止步。

在 2004 年歐國盃，Beckham 用盡渾身解數也無法帶領球隊取得好成績。來到 2006 年世界盃，英格蘭也是重蹈覆轍，在 8 強止步。世界盃後，Beckham 宣布辭去英格蘭隊長一職。同時新任國家隊總教練 McClaren 上任後棄用 Beckham。自此 Beckham 再沒有替英格蘭上場過一場比賽。作為英格蘭國家隊隊長，Beckham 雖然深受球員及球迷愛戴和支持，但無奈命運使然，萬人迷也未能帶領國家隊在重要賽事中贏得桂冠，可謂其人生中的一個遺憾。

優雅左腳王

Davor Šuker

　　克羅埃西亞尖刀 Davor Šuker 在 1998 年世界盃一鳴驚人。他射術出眾，個人技術細膩，尤其是他的左腳十分厲害。甚至有傳媒稱讚他「左腳靈活得可以拉小提琴」。98 年世界盃，Davor Šuker 的狀態十分好，而且進球停不了。克羅埃西亞在Šuker 的帶領下，先在小組賽突圍而出，再在 16 強打敗名將 Gheorghe Hagi 壓陣的羅馬尼亞。來到 8 強賽，面對 96 歐國盃冠軍德國，克羅埃西亞毫無懼色，以 3-0 完勝德國，Šuker 還在比賽中取得進球。來到 4 強階段，雖然Šuker 先射進一球，但無奈對手是當屆冠軍法國，陣中球星如雲，最終克羅埃西亞也落敗出局。當屆Šuker 以 6 個進球，贏下賽事的金靴獎。

　　Šuker 自小便有 3 個心願，第一個是得到世界盃金靴獎，第二個是可以和球王 Maradona 同隊並肩作戰，第三個是披上西甲皇家馬德里的球衣。最後三個願望也在他努力下一一成真。1991 年，Šuker 加盟西甲塞維利亞，短短適應了一季便在塞維利亞回復前鋒殺手本色。同時他也有幸和偶像 Maradona 成為隊友，並肩作戰；及後也因為出色的表現，吸引到皇家馬德里注意。在 1996 年夏天，Šuker 加盟皇家馬德里，轉會費高達 1100 萬歐元。此時，Šuker 已實現兩個心願。當然，在 1998 年夏天，Šuker 以 6 個世界盃進球實現了第三個心願。克羅埃西亞國家隊青黃不接下，竟然無法晉級 2000 年歐國盃決賽圈。來到了 2002 年日韓世界盃，雖

然Šuker 也有隨隊，但狀態已大不如前，無法延續 4 年前的射手本色。整個賽事只上陣了 68 分鐘。克羅埃西亞也未能晉級淘汰賽。賽後Šuker 就宣布退出國家隊。

國家圖書館出版品預行編目資料

帶點遺憾的球星／剛田武、嘉安、老溫、列當度　合著
–初版–
臺中市：天空數位圖書　2022.02
面：14.8*21 公分
ISBN：978-986-5575-81-6（平裝）
1.CST：足球 2.CST：運動員 3.CST：世界傳記
528.999　　　　　　　　　　　　　　　111002013

書　　　　名：帶點遺憾的球星
發　行　人：蔡秀美
出　版　者：天空數位圖書有限公司
作　　　者：剛田武、嘉安、老溫、列當度
編　　　審：晴灣有限公司
製 作 公 司：艾輝有限公司
美 工 設 計：設計組
版 面 編 輯：採編組
出 版 日 期：2022 年 2 月（初版）
銀 行 名 稱：合作金庫銀行南台中分行
銀 行 帳 戶：天空數位圖書有限公司
銀 行 帳 號：006–1070717811498
郵 政 帳 戶：天空數位圖書有限公司
劃 撥 帳 號：22670142
定　　　價：新台幣 480 元整
電子書發明專利第 Ｉ 306564 號　　　　版權所有請勿仿製
※　如有缺頁、破損等請寄回更換

Family Sky

紙本書編輯印刷：
電子書編輯製作：
天空數位圖書公司 E-mail：familysky@familysky.com.tw　http://www.familysky.com.tw/
地址：40255台中市南區忠明南路787號30F國王大樓　Tel：04-22623893　Fax：04-22623863